KB041282

루소의 『사회계약론』 입문

Rousseau's The social contract

A Reader's Guide

by

Christopher D. Wraight

루소의 『사회계약론』 입문

서광사

크리스토퍼 D. 레이트 지음 | 박호성 옮김

이 책은 Christopher D. Wraight의 *Rousseau's The social contract* (Bloomsbury Publishing Plc., 2008)를 완역한 것이다.

루소의 『사회계약론』 입문

크리스토퍼 D. 레이트 지음
박호성 옮김

펴낸이 | 이숙
펴낸곳 | 도서출판 서광사
출판등록일 | 1977. 6. 30.
출판등록번호 | 제406-2006-000010호

(10881) 경기도 파주시 회동길 77-12 (문발동)
Tel: (031) 955-4331 | Fax: (031) 955-4336
E-mail: phil6161@chol.com
http://www.seokwangsa.co.kr | http://www.seokwangsa.kr

제1판 제1쇄 펴낸날 · 2023년 3월 20일

ISBN 978-89-306-2215-8 93160

역자 서문

이 책은 장 자크 루소의 『사회계약론』에 대한 이해를 돕기 위한 저술의 한글 번역본이다. 저자는 책머리에 이어 개관에서 『사회계약론』을 중심으로 당시의 시대적 조건과 지적 배경을 비롯한 루소의 심리에 이르기까지 다양한 측면을 조망하고 있다.

저술 읽기에서는 정당한 사회의 기초와 조직의 근본 원리, 정당한 사회의 입법 틀, 정부의 다양한 기능과 능력에 대한 세부 사항, 종교의 위상을 포함한 사회조직의 다른 양상으로 구분하고 『사회계약론』 본문의 핵심을 요약 정리하며 '생각해볼 문제'를 제기한다.

평판과 영향에서는 루소의 저작이 당시 프랑스와 유럽을 넘어 낭만주의와 칸트를 비롯한 독일 관념론과 마르크스주의에 미친 영향력을 소개한다. 최근에도 루소는 철학자와 정치이론가들에게 계속해서 영감을 주고 있지만, 가장 많은 영향을 받은 학자는 존 롤스로서 그는 루소와 비슷한 질문을 제기한다. "우리 모두가 다른 개인적 욕구와 능력 및 필요를 갖는다면 보편적으로 구속하는 정의와 통치의 공정한 원리를 어떻게 결정할 수 있는가?" 이 점에서 롤스가 가정하는 '원초적 지위'는 루소의 자연상태에 대한 논의를 연상시킨다.

루소는 역사적 중요성 이상의 지위를 차지한다. 루소의 사상은 정치적 권리와 평등에 대한 현대의 적용에 여전히 도움을 준다. 『사회계약론』의 효과는 심오하고 다양하며, 현대 정치사상과 실천, 도덕철학,

심지어 심리학의 이해를 발전시키는 데 여전히 최고의 가치를 지니고 있다.

처음에 이 책의 번역을 요청받았을 때, 분량이 적어 쉽게 마치리라 기대했다. 그러나 영국식 영어에 익숙하지 않은 역자로서 수없이 당혹감을 느끼게 되었고, 예상보다 훨씬 더 긴 시간과 노력이 들 수밖에 없었다. 다만 초역을 출판사에 넘긴 후에 돌려받은 교정본을 보면서 전문 서적 출판사의 내공을 느끼며 몹시 고맙게 생각했다. 이제 마무리하면서 다시 한번 서광사 이숙 대표와 편집부 직원들의 노고를 치하한다. 누군가의 말처럼 '완벽한 번역'은 좀처럼 이룰 수 없는 드높은 이상일 뿐, 번역가는 '차선'을 향하여 끊임없이 노력해야 한다는 말에 공감한다. 이 책을 읽는 독자에게 행운이 깃들기를 소원한다.

책머리에

루소의 『사회계약론』은 정치철학 분야에서 이제까지 쓰인 가장 중요하고 영향력 있는 저작 가운데 하나다. 1762년에 출판된 이래 이 책은 독자를 열광시킨 만큼 분노하게 하고, 선동한 만큼 영감과 좌절을 안겨왔다. 이 저작은 비교적 짧고 매혹적으로 쓰였지만, 이해하기에 쉬운 책은 아니다.

수사학적 기술과 어법에 대한 주목할 만한 재능에도 불구하고 루소가 다루는 관념들은 어렵고 심오하다. 그의 주된 쟁점은 사회 안에서 개인의 적절한 위치, 특히 시민이 풍요롭게 번영할 수 있기 위하여 정치제도를 어떻게 최고로 조직하느냐에 있다. 앞으로 보게 되듯이, 이 질문을 제기하면서 그는 인간 본성과 심리학의 미묘하고 독창적인 명제를 활용한다. 이것 없이는 여기에 수반되는 정치적 논쟁을 이해하기 힘들다.

루소는 커다란 목표를 갖고 있었다. 즉 어떻게 하면 사람들이 도덕적 완성을 향한 자연적 능력을 존중하고 강화하는 생활방식을 발견할 수 있는지를 증명하고 싶어 했다. 비록 루소가 도달한 대답이 자신의 모든 독자에게 확신을 주지는 못하지만, 『사회계약론』은 인간의 조건과 그것을 지배하는 힘에 대한 통찰이 충만하고 도전적인 만큼 교훈적인 책이다.

루소의 정치사상은 종종 너무 모순이 많아서 전적으로 납득이 가지 않으며, 『사회계약론』 역시 천재적 통찰을 일부 포함하고 있으면서도 전체로서 일관성 있고 진지하게 받아들여지기에는 충분한 엄정함을 갖추고 있지 못하다. 물론 (주권자의 자율 규제와 같은) 저작의 다른 관점에 대한 견해를 변경한 몇 가지 사례가 있는 것으로 보인다. 더욱이 일반의지와 입법가의 역할과 같은 주요 개념에 대한 간략하거나 산발적인 서술은 전적으로 확실한 묘사를 끌어내기 곤란하게 만든다.

그러나 나는 이런 지침이 루소의 심리적이고 정치적인 생각이 서로 어느 정도까지 잇달아 나타나는지 설명하기를 기대한다. 대부분의 루소 주석가들과 마찬가지로 나는 초기의 두 주요 저작인 『학문예술론』과 『인간 불평등 기원론』에 담긴 인간 본성에 관한 생각을 출발점으로 삼았다. 이 저작들의 주장에 관해 어느 정도 이해하면 『사회계약론』에서 이뤄진 변화의 의미가 더욱 잘 이해된다.

이 책은 루소의 저작 자체를 고려하여 일단 장의 순서대로 시작하지만 내가 보기에 『사회계약론』 4권의 첫 두 장에서 다룬 일반의지에 대한 논의는 『사회계약론』 2권 초반의 내용과 서로 연결되는 것 같다. 그 외에 이 책의 각 장은 『사회계약론』의 한 장 또는 연속된 장들과 짝을 이룬다. 루소는 1~4권의 논의 마지막 부분에 간략한 요약과 일련의 학습 문제를 제시한다. 『사회계약론』의 인용은 삽입구 형태(SC, b, c)로 들어가는데 여기서 b는 부, c는 장에 해당된다. 수많은 『사회계약론』 영어 판본이 있지만 이 책에서 주로 사용한 것은 크랜스턴(Maurice Cranston)의 영역판이다. 이 책에서 인용된 저작과 다른 저작의 세부 목록은 마지막 장의 '더 읽어보기'에 소개할 것이다.

이 책을 쓰면서 수많은 이차 문헌을 참고했다. 가장 중요한 것들은 니컬러스 덴트(Nicholas Dent)의 『루소 사전과 루소: 루소의 심리·사회·정치이론』(*A Rousseau Dictionary & Rousseau: An Introduction*

to his Psychological, Social and Political Theory), 로버트 워클러(Rob-
ert Wokler)의 『루소』(*Rousseau*, 패스트 마스터 시리즈the Past Mas-
ters series), 크리스토퍼 버트럼(Christopher Bertram)의 『루소와 사
회계약론』(*Rousseau and the Social Contract*)이다. 각 저서는 때때로
혼란스러운 루소의 주장을 해석하는 데 귀중한 도움이 되었지만 본 책
의 오류나 잘못된 해석은 전적으로 내 책임이다.

　이 책을 쓰는 동안 가족과 친구들의 도움을 충분히 받을 만큼 운이
좋았음에 크게 감사한다. 특히 크리스토퍼 윈(Christopher Warne)과
이앤 로 박사(Dr. Iain Law)의 공헌에 사의를 표한다. 또한 초고를 준
비하는 동안 기다려준 톰 크릭(Tom Crick)과 새라 더글러스(Sarah
Douglas)의 인내와 안내에도 감사드린다.

차례

1 장

배경

정치 환경과 지적 배경

장 자크 루소는 유럽의 사회 정치적 격동기를 살았다. 그는 절대군주의 전형인 루이 14세 치하인 1712년에 태어났다. 루소가 죽고 10년 후인 1778년 혁명론자들이 바스티유 감옥을 습격하면서 프랑스 군주 시대는 막을 내렸다. 그의 생애 동안 산업혁명의 토대가 만들어졌고 증기기관이 발명되었으며 유럽의 탐험가들이 아시아와 북미와 태평양으로 식민지와 교역의 범위를 넓혔다. 예술 분야에서는 바흐와 라모(Jean Philippe Rameau)가 이끄는 바로크의 장엄한 분위기가 모차르트와 하이든의 차분한 재능으로 대체되는 동안, 근본적으로 새로운 형태의 문학과 소설이 스위프트(Jonathan Swift), 필딩(John Fielding), 볼테르(Voltaire)의 작품을 통해 정립되었다. 데이비드 흄(David Hume), 애덤 스미스(Adam Smith), 존 로크(John Locke), 벤저민 프랭클린(Benjamin Franklin), 임마누엘 칸트(Immanuel Kant)와 같은 철학자와 사상가들은 형이상학, 종교, 경제학, 윤리, 정치이론에 중요한 공헌을 했다.

루소의 경력에서 주목할 만한 특징 가운데 하나는 그가 이런 다양한 활동 영역에서 그토록 많은 기여를 했다는 점이다. 루소는 정치사상가로서만이 아니라 소설가, 작곡가, 극작가로도 명성(혹은 악명)이 높다.

인간 본성과 사회의 정당한 토대에 관한 생각 덕분에 『사회계약론』은 오늘날 루소의 가장 유명한 업적이 되었다. 루소는 문학, 음악, 교육의 발전에도 중요한 공헌을 했다. 루소는 자기 시대의 취향과 선입견을 단순히 반영하기보다 그것에 도전하여 구체화하는 데 도움을 주었다. 루소는 지성계의 주류에게 간헐적으로만 받아들여지고 급진주의와 편집증을 뒤섞어 수시로 자신을 한계 지웠음에도 사후 평판이 상당히 올라갔다. 루소는 오늘날 유럽 계몽주의 시대의 중요한 설계자 가운데 한 사람이자 상당히 중요한 정치철학자다.

이런 유산을 평가하는 데에는 루소의 저술 환경에 대한 아주 간략한 개관이 도움이 된다. 그 가운데 으뜸은 자연과학의 눈부신 위상과 발전이다. 지난 세기의 파괴적인 종교 갈등과 봉건주의의 잔재에서 벗어나 비교적 부유하고 평화로운 시기를 사는 (대부분의) 교양인은 전반적으로 새로운 규율의 창조와 개선을 위해 노력을 기울일 수 있었다. 런던과 파리 같은 인구가 집중된 거대 도시에서는 사상 교환이 과거 그 어느 때보다 활발할 수밖에 없었다. 일찍이 이뤄진 물리학과 화학 및 수학의 발전은 농업, 수송, 건축, 의학 관련 문제의 실질적인 해결에 사용되었다. 많은 사람에게 비판적이고 탐구적이며 합리적인 사고의 적용은 거의 모든 종류의 문제에 대한 해법으로 보였다. 의심스럽고 비관적인 우리 시대와 아주 대조적으로 루소 시대의 지식인 대부분은 얼마나 잘하고 있는가와 더 나은 진보의 가능성을 생각하고 있었다. 유럽을 벗어난 더 넓은 저개발 세계의 개척은 유례없이 기술적으로 앞서고 진보적인 강력한 사회에서 살아간다는 느낌을 전반적으로 강화했다.

과학의 진보와 나란히 사회 윤리적 사고에도 커다란 변화가 일어났다. 그 시대의 인상적인 과학기술을 탄생시킨 탐구 정신도 오래 확립된 정치적, 종교적 인습에 대해 의문을 품게 만드는 경향이 있었다. 특히 도덕적 가르침의 보급과 설득에 대한 기존 교회의 지배력은 영적이거나 세속적인 처벌을 점차 두려워하지 않는, 적은 수지만 영향력 있는 비판적 주석가들에 의해 약화되었다. 백과전서파로 알려진 파리의 느슨한 지식인 집단은 이런 불경스러운 탐구 정신의 집약체였다. 이 운동의 선봉에 있던 디드로(Denis Diderot)는 계몽주의의 위대한 선언 배후에 있는 『백과전서』(*Encyclopaedia*)의 저자였다. 당시 인간의 지식을 망라하여 분류하려는 야심찬 목표와는 별개로 디드로와 그의 동료들은 종교적 관용의 사례를 보여주는 다양한 논문을 수집하여 활용했다. 교회의 핵심 계율은 다른 종류의 믿음과 똑같은 절차의 합리적 해석과 검토를 필요로 했다. 이런 해석과 검토는 상당한 저항을 받았고 디드로 자신도 지속적인 괴롭힘과 프랑스 교회 당국의 박해를 받았지만, 적어도 그 개요만은 출판될 수 있었다. 종교전쟁의 시대 이래로 교회 권력이 그만큼 쇠퇴했던 것이다.

물론 이런 비판의 자유가 좋은 것인지 아닌지는 상당한 논쟁거리가 될 만한 문제였다. 종교단체와의 관계에서 일부 권위를 부여받은 대부분의 유럽 정치 당국은 백과전서파 철학자들과 그 동료들의 부단한 지적 호기심에 대한 반응이 달랐다. 프로이센의 프리드리히 2세와 같은 호의적인 군주들은 더 많은 사상과 표현의 자유를 주기 위해 개혁을 단행했지만, 프랑스의 루이 15세와 같은 군주들은 반대 의견을 수용하는 것에 더욱 조심스러웠다. 더 많은 사회적, 지적 자유를 촉구하는 디드로 같은 뜨내기 작가들이 있는 것처럼 권위적이고 보수적인 지배를 촉구하는 강력한 사상가 집단도 있었다. 루소가 종종 인용한 사상가이자 군주의 권리에 관한 한 권위자인 그로티우스(Hugo Grotius)는 어떤 국가의 시민들은 자기의 생명과 재산을 보호해주는 대가로 자신의 권리를 군주에게 넘겨주었기에, 억압적이거나 압제적인 정체에 대항해 봉기할 어떤 정당성도 갖지 못한다고 주장했다.[1]

　루소의 시대는 변화(기술, 세속주의, 정치개혁)의 강력한 힘이 전통과 안정의 강력한 힘(교회, 군주정부)과 대등하게 맞서는 지적 혼란의 시대 가운데 하나였다. 많은 점에서 근대 유럽의 토대가 구축되기 시작한 시대이기도 했다. 비록 개혁가들의 많은 사상이 오늘날과 같은 사회 제도를 창안하는 데 주도적인 역할을 했지만, 그들의 기획은 당시가 아닌 다른 시기에는 절대 도드라지지 않았을 것이다. 앞으로 보게 되듯이, 루소의 저작, 특히 『사회계약론』은 이런 사상의 균열에서 중요한 역할을 수행했다.

생애와 저작

루소는 어떤 기준에 의해서든 특별한 인물이다. 골방에 틀어박힌 온건한 기질의 전형적인 학자와 달리 루소는 파란만장한 생애를 사는 동안 열정적인 탐구 정신(혹은 때때로 그가 상처를 입힌 사람들의 불만)을 품고 이곳저곳을 쫓겨 다니며 널리 여행을 다녔다. 루소의 격렬하고 때로 이해할 수 없는 몰입과 견해는 많은 동시대 사람들의 상상력을 사로잡았다. 루소는 다양한 저작에서 표현된 혁명적 사상 및 사생활과 대인 관계에서 심각하게 분열된 인물이었다. 실로 루소의 사상과 혼란스러

1　그로티우스의 가장 유명한 책은 『전쟁과 평화의 법』이다. 국제법의 아버지로서 그의 명성은 이 광범위한 논문에 기반한 것이다. 루소가 많이 언급한 인민이 자신의 권리를 지배자에게 넘겨주는 것에 대한 토론은 제3권 7장 이후에 나온다. 그로티우스(와 홉스)와 루소의 관계에 대한 논의는 다음에서 볼 수 있다. "Rousseau and the Friends of Despotism," *Ethics*, Vol. 74, No. 1

운 사생활은 지속적으로 밀접한 관계를 맺고 있어, 적어도 전자에 주의를 기울이기 전에 후자에 대한 피상적인 이해부터 하는 것이 대체로 더 유용하다.

　루소의 생애에 관한 가장 풍부한 원천은 놀라울 만큼 솔직한 『고백록』으로서 엄청난 동시에 자신의 인격적, 지적 발전을 철저하게 유쾌히 설명한 자서전이다. 또한 루소의 생애 마지막에 쓴 약간 과장되고 자신을 정당화한 저작도 있고, 반성하며 통찰력을 발휘한 저작도 있다. 더불어 그 저작들은 인간관계에 관해 끊임없이 질문을 던지는 한 사람을 드러낸다. 인민의 근본적인 본성은 무엇인가? 어떻게 사회문제를 최상으로 조직할 수 있는가? 인민이 자신의 진정한 잠재력을 실현하는 데 방해가 되는 것은 무엇인가? 루소의 자전적인 작품들은 다른 사람들이 이런 질문에 대한 자신의 명확한 답변을 따르는 데 실패하는 것을 종종 냉혹하게 비판하는 한편, 자신의 결점에 대해서도 도덕적 판단을 내린다. 루소는 최악의 상태일 때 피해망상과 강박관념에 사로잡힌 모습으로 나타날 수 있고, 최선의 상태일 때 인간의 연약함과 향상 능력에 관해 탁월한 인식을 바탕으로 명석하게 진술할 수 있다. 이런 것들이 그의 가장 중요한 저작들, 특히 루소의 생애에서 꽤 늦게 쓰이고 정치철학자로서 루소의 명성에 가장 중요한 역할을 하는 『사회계약론』에 활력을 넘치게 하는 주제들이다.

　정치 문제에 대한 루소의 관심은 매우 어렸을 때부터 시작된 것으로 보인다. 루소는 1712년에 독립하여 개신교 신학자 칼뱅(John Calvin)의 공화주의 사상에 따라 운영된 도시국가 제네바에서 태어났다. 당시 유럽 대부분의 국가에서는 세습군주제가 시행되었던 반면 제네바는 도시의 시민들로 구성된 입법회의에 의해 통치되었다. 이런 체계(인구비례에 따라 비교적 소수로 구성된 자격 있는 '시민들')는 본래 의도한 것보다 덜 순수한 대의제이지만, 많은 제네바인은 그들의 공화국 고유의 헌법을 진지하게 의식하고 자랑스러워했다. 그 제네바인들 가운데 한 명이었던 루소의 아버지 아이작 루소는 장 자크 루소의 초기 교육에 전적으로 영향을 미쳤다. 루소는 『고백록』(Confessions)에서 플루타르크와 같은 고대 저자들의 저작에 기초한 아버지와의 토론을 회상하며, 평생에 걸친 정치적 공감과 관심이 거기에서 비롯되었다고 생각한다.

> 나를 한평생 괴롭힌 예속의 굴레와 조바심에도 내 안에서 자랑스럽고 완강한 정신을 끌어낸 것은 이런 매혹적인 독서와 아버지와 나 사이의 토론이었다(…). 로마와 아테네에 끊임없이 사로잡혀 당시의 위인들과 대화하는 것처럼 살아가던 나는 공화국의 시민이자 애국심이 가장 강력한 정념(passion)인 아버지의 아들로서 그의 본보기에 따라 흥분했고 스스로를 그리스인이나 로마인으로 상상했다.[2]

이런 인상 깊은 초기 추억에도 불구하고 루소의 어린 시절은 안정적이지 않았다. 루소의 어머니는 루소가 태어난 직후에 죽었으며, 그녀의 부재로 가족은 몰락했다. 루소가 열 살일 때, 아버지는 분쟁으로 인해 제네바를 떠나고 루소는 삼촌에게 맡겨졌다. 이후 루소의 삶은 다시는 안정될 수 없었다. 약간의 교육을 받고 힘겨운 도제 생활을 겪은 후인 1728년에 루소는 도시의 성문 밖으로 나갔다가 시간이 늦어 성문이 닫혀버리자 과감히 탈주하여 다른 곳에서 자신의 운명을 찾았다. 얼마간 목적도 없이 방황한 뒤에 루소는 바랑 부인(Baronne de Warens, François-Louise de la Tour)에게 거두어짐으로써 방황을 끝내고, 이후

---

2   Rousseau, *The Confessions*, p. 20.

12년 동안 그녀와 친밀한 관계를 맺는다. 그녀는 루소를 가톨릭으로 개종시켰고 공식적인 음악 훈련을 받게 했다. 루소는 서서히 그녀의 색다른 가정 내에서 책임감을 더 느끼게 되었고, 21세가 되었을 때는 약간 불평등한 관계이긴 하지만 그녀의 성적 동반자가 되었다. 그녀의 후견하에 루소는 그토록 즐겼던 독서와 공부를 재개했고, 나중에 상당한 향수를 느끼며 샹베리(Chambéry)에 있는 그녀의 집에 머물던 시기를 되돌아보았다. 1740년에 드디어 그녀와의 관계가 냉각되고 루소가 한번 더 거처를 옮기게 되었을 때, 질병과 낙담 및 불확실함이 그를 찾아왔다.

　루소의 운명에서 격변의 계기는 작곡가와 작가로서 이름을 알리기 위해 1742년에 파리로 옮긴 것이었다. 처음에는 성공 가능성이 희박했지만 연줄을 늘리고 역경에 끈기 있게 맞서며 파리에서 꾸준히 경력을 쌓았다. 10년간의 분투 후에 루소의 오페라 〈마을의 점쟁이〉가 퐁텐블로 성주 앞에서 공연되고 큰 성공을 거두었다. 작곡가로서 루소의 경력은 절정을 맞았다. 루소가 원했다면 아마도 오페라 분야로 더 나아갈 수 있었을 것이다. 그러나 그때까지 루소는 실제든 상상이든 이미 파리의 음악계에서 수많은 인물의 반대에 직면해 있었다. 아무튼 오페라는 루소가 파리에서 계발한 유일한 관심사와 떨어져 있었다. 자신을 작곡가와 극작가로 정립하는 데 상대적 어려움을 겪은 오랜 시기 동안 루소는 파리 지식인층의 몇몇 주도적인 인물들과 친해졌다. 이들 가운데 가장 중요한 인물은 그때 『백과전서』의 집필에 참여한 디드로였다. 루소는 『백과전서』의 음악 항목을 맡아 당대 프랑스에서 손꼽히는 작곡가였던 라모와의 관계를 더욱 악화시키게 되는 내용을 쓰기로 했다. 하지만 루소의 글은 음악이론을 넘어, 그를 어린아이처럼 매혹시킨 주제로 되돌아갔다.

루소 자신의 설명에 따르면 그 통찰은 디드로를 방문하기 위해 뱅센으로 가는 길에 찾아왔다. 루소는 신문을 읽다가 우연히 디종아카데미(Dijon Academy)가 "학문과 예술의 진보가 도덕을 타락시켰는가 아니면 진보시켰는가?"라는 주제로 논문을 현상 공모한다는 광고를 우연히보게 되었다. 루소는 "이 광고를 읽는 순간 나는 다른 우주를 보았고 다른 사람이 되었다"[3]라고 기록한다. 확실히 루소가 그 공모에 참여하기로 결심한 순간부터 몰아내기 힘든 생각들이 휘몰아쳐서 이후 평생 그가 쓰게 될 글을 좌우하게 되었다. 루소가 출품한 논문은 상을 받았고나중에 『학문예술론』으로 출판되었다. 그 뒤를 이어 두 번째 저술 『인간불평등기원론』도 상을 받았다. 이 시기에 루소는 여전히 작곡가로알려져 있었지만, 사회평론 세계로의 진입은 결국 그에게 더 큰 명예(혹은 당시 독자들의 관점에 따라서는 불명예)를 가져다주었다. 이런초기 저작들의 일부 주제를 때가 되면 살펴보겠지만, 여기서 주목할 가장 중요한 특징은 그 시대에 많은 갈채를 받은 기술적, 사회적 성취에대한 열광이 부족하다는 점이다. 『학문예술론』에서 루소는 디종아카데미의 질문에 단호히 부정적으로 답변하며, 학문과 예술의 진보가 도덕에 해로운 결과를 초래한다고 주장한다. 따라서 루소의 초기 저작들이시대 흐름에 격렬히 저항함으로써 일정 부분 명성을 얻는 동시에 수많은 논쟁을 일으킨 것은 어쩌면 놀라운 일이 아니다.

이런 지적 격변의 시기에 루소의 사생활은 여전히 조금은 어수선했다. 루소는 문맹에 가까운 세탁부인 테레즈 르바쇠르(Thérèse Levasseur)와 함께 가정생활에 가까운 관계를 맺고 정착했다. 루소가 그녀의권익에는 무관심해 보였음에도 그녀는 루소의 여생 동안 루소 옆에 머

---

3   Rousseau, *The Confessions*, p. 327.

물렀다. 결국 1768년에 루소는 그녀와 결혼했지만 일시적인 애정을 넘어선 훨씬 더 많은 애정을 느꼈음을 암시하는 것은 거의 없다. 루소는 소피 두드토(Sophie d'Houdetot)와 같이 사회적으로 세련된 여인과 가망 없는 연애에 마음껏 빠졌던 반면, 테레즈와는 피상적인 남편과 아내로 살았다. 테레즈는 루소와의 사이에서 다섯 아이를 낳았는데, 그들 모두는 고아원으로 보내졌다. 이런 무정한 행위의 동기는 짐작하기 어려우며, 후에 루소의 적들로부터 많은 비판을 받는 원인이 되었다. 루소는 적어도 테레즈와의 관계에서는 형편없어 보이는 것이 사실이다. 그녀가 지적인 측면에서 루소보다 열등한 것은 확실하지만, 『고백록』에서 거의 성자와 같은 참을성을 지닌 인물로 그려진다.

루소는 1760년과 1762년 사이에 두 저작의 성공과 파리 지성계의 지원에 힘입어 자신의 가장 영향력 있는 저작들을 출판했다. 그중에서 『신엘로이즈』(Julie, or the New Héloïse)는 크게 갈채를 받고 많은 중판을 찍어낸 서간체 소설이다. 같은 시기에 루소는 당시의 정치와 사회조직에 관해서도 많이 저술했다. 이 시기에 몇몇 기획은 결코 완성되지 못했지만 개인과 사회에 관한 두 개의 위대한 저작, 곧 『에밀』(Émile, or on Education)과 『사회계약론』은 완성됐다. 두 저작에 담긴 사상, 특히 기성 종교에 대한 내용은 루소의 독자에게 지나치게 논쟁적인 것으로 드러났다. 특히 『에밀』에서 표현된 정서에 대한 분노는 책에 대한 공식적인 규탄으로 이어져 루소는 테레즈와 함께 프랑스에서 스위스로 도망가게 되었다. 루소는 거기서 프로이센의 프리드리히 2세의 보호 아래 얼마간 머무르며 자신의 정치사상을 발전시켰지만, 프랑스에서 그의 지지자였던 사람들이 적개심을 품고 그를 추적하여 그의 집에 돌을 던졌다. 루소는 자신이 핍박받은 이유에 대해 피해망상에 시달리며 고통스러운 나날을 보냈다. 루소는 저명한 스코틀랜드 철학자인 흄의 손님으로 영국에 얼마간 머물렀으나 그들은 곧 신랄하게 서로를 비난하며 결별했다. 이후 루소의 정신상태는 결코 안정되지 못하고 심각하게 악화되었다.

루소는 당국의 허락 하에 1767년 프랑스로 귀환하여 여생을 보냈다. 루소는 수많은 자전적인 저작은 물론 정치와 음악에 관해서도 계속 글을 썼다. 파리 지성계의 급진적인 사상가로서 루소의 명성만큼 작곡가로서 루소의 평판도 여전히 높았다. 그러나 동료 철학자인 라모와 볼테르처럼 처음부터 루소를 미워한 사람들 외에 루소와 가장 가까웠던 동료들, 특히 디드로와 결별한 이래 루소는 결코 안전하지 못했다. 루소의 마지막 저작 가운데 하나인 『고독한 산책자의 몽상』(*Reveries of the Solitary Walker*)은 다음과 같이 시작된다. "이제 세상에서 나는 형제도 없고 이웃이나 친구도 없으며 자신 외에 어떤 동료도 남지 않은 완전한 혼자다."[4]

루소의 정신상태는 계속 이상했고, 그는 어디서든 자기를 노리는 음모를 보았다. 커다란 개와 충돌하여 심각한 부상을 입고서야 루소의 혼란스러운 정신은 일종의 평정심을 되찾았다. 루소는 생애 마지막 몇 년을 비교적 평온하게 보내다가 1778년에 파리와 가까운 에름농빌에서 죽었다. 루소는 자기를 깎아내리려는 일련의 음모와 부정의가 있다고 의심하며 몹시 낙담했지만, 사실 루소는 혼란스러운 생애 후반기에 내내 상당한 명성을 유지했다. 루소의 저작들은 생전만큼 사후에도 활발히 읽히며, 사후에도 루소의 명성은 상당히 높았다. 1794년 루소의 유골은 프랑스의 가장 위대한 사상가와 예술가 및 정치가가 영면한 장소인 팡테옹에 묻혔다. 루소의 개인적인 약점과 악덕은 『고백록』의 솔직

---

4   Rousseau, *Reveries of the Solitary Walker*, p. 27.

한 서술을 통해 여전히 알려져 있지만, 이제는 근대 이후 지속적으로 연구와 논쟁의 대상이 되고 있는 루소의 철학적, 정치적 유산만큼 많은 관심을 받지는 못한다.

2장

개관

창조적이고 독특한 수많은 사상가처럼 루소의 심리상태는 복잡하고 종종 이해하기 어렵다. 알다시피 루소는 오랫동안 평정을 유지하며 자기 일에 몰두할 수 없었다. 루소는 열정적으로 도약하고자 했으나 열정은 그가 진정한 거장이 될 만큼 오래 지속되지 않았다. 루소는 여행 중에 우연히 만난 많은 사람과 급격히 우정을 쌓은 만큼 지독한 원한을 만들기도 했다. 다양한 측면에서 루소는 근본적으로 모순된 인물이었다. 루소는 성공을 열렬히 원했고 능력 있는 인물로 인정받았지만 명예를 좇는 것을 경멸하며 바랑 부인처럼 단순하고 상냥한 인물을 극도로 우상화하기도 했다. 루소는 파리의 찬란한 빛을 추구하고 그 조명 아래에서 자신의 가장 뛰어난 저작들에 대한 영감을 얻었지만, 공책과 연필을 들고 고독 속에서 자유롭게 걸을 수 있는 교외의 단순함을 갈망하기도 했다. 루소는 본질적으로 세상, 특히 그가 여러 해 동안 쫓아다녀도 말문이 막혀 결국에는 미숙한 과오나 실수를 범하게 되는 지식인 모임과 어울리지 않는 사람이었다.

주변 환경과 이런 불안한 관계와 더불어 루소의 원숙한 저술에는 18세기 파리가 본보기인 문명화된 도시형 사회에 대한 깊은 불신이 깔려 있다. 특히 생애 후반기에 루소는 자신이 어린 시절부터 이상으로 생각한 전원풍 스위스의 황홀경과 문명화된 도시형 사회의 해악을 비교하곤 했다. 지적 토론을 왕성하게 나누고 사회적 갈채가 동반되는 현란한 말을 구사하는 백과전서파 철학자들에게 반대한 루소는 그들이 지지하는 것 대부분을 거부하는 철학을 전개하게 되었다. 인간의 이성이 그토록 많은 것을 성취하고 훨씬 더 많은 것을 약속하는 시대에 대해 루소는 여전히 회의적이었다. 비록 과학과 사회의 진보로 위대한 일들이 성취된 것으로 보였지만, 그것은 동시에 깊은 심리적 불행과 도덕적 질환의 원인이었다. 단지 문명이 범한 최악의 어리석음에 반격하기 위해 사회문제를 그런 방식으로 조직함으로써 남성과 여성의 본질적으로 고상한 본성이 적절히 실현될 수 있었다.[1]

이것이 어쩌면 『사회계약론』을 포함한 루소의 저작 대다수의 핵심주제 가운데 하나이며 가장 유명한 견해다. 그것은 '고귀한 야만인', 곧 문명의 타락에서 벗어난 사람들은 자연적 정직함과 선함 및 심리적 평온 속에서 살아갈 수 있다는 개념으로 자주 특징 지워진다. 루소의 모든 정치 저작에서 인간의 실현과 번영을 위한 자연적 잠재력에 대비되는 불완전하게 구성된 타락한 사회의 영향이라는 주제는 그 외양과 절대 다르지 않다. 나쁜 사회가 어떻게 구성되는지에 관한 생각은 그 폐해를 어떻게 교정하고 문명화 이전 국가의 미덕을 회복하기 위해 무엇을 해야 하는가에 관한 생각으로 이어지는 것이 지극히 당연하다. 루소의 후반 저작들은 품성의 발전을 좌우하는 제도를 이용해 인민을 타락시키지 않는 대안공동체에 관한 사상을 담고 있다. 다음은 루소가 『고백록』에서 밝힌 『사회계약론』의 유래다.

---

1   루소는 적어도 남성의 도덕적, 지적 발전과 똑같은 수준의 여성 잠재력에 대해 용납하지 않는다. 『에밀』에서 여성 지도자격인 소피는 종속적인 지원 기능을 갖는다. 나는 전반적으로 루소의 사회 정치이론은 남성과 여성 모두에게 적용된다고 주장하지만, 잠재적 시민을 논할 때는 원래 남성을 염두에 두었음을 명심해야 한다. 이 문제에 관한 더 깊은 논의는 다음을 보라. Wokler, *Rousseau*, pp. 100-102. Dent, *A Rousseau Dictionary*, pp. 248-249.

나는 어떤 시도를 할지라도 모든 것이 정치에 뿌리박혀 있으며, 인민은 그 정부의 성격에서 절대 벗어나지 못함을 알았다. 그래서 나에게 최선의 가능한 정부는 이런 질문으로 환원되는 것으로 보였다. "최고의 의미에서 '최선'이라는 말에 부합하는 가장 계몽되고 지혜로운 사실상 최선의 인민을 창조하기에 가장 적합한 정부의 본성은 무엇인가?"[2]

다음 장에서는 이런 '최선의 가능한 정부'에 관한 루소의 통찰을 좀 더 자세히 살펴볼 것이다. 그러나 지금 당장은 위의 '최고의 의미에서 최선'이라는 말에 부합하는 '최선의 인민'이 의미하는 바를 탐색하기 위해 어느 정도 시간을 써야 한다. 인간 발달의 목표가 무엇인지 아니면 어떤 종류의 인간 자질이 경탄할 만하고 장려할 가치가 있는지에 대한 상당한 이해 없이는 정치사회 조직에 대한 루소의 사상을 평가하거나 그가 논쟁을 이끌어가는 방향을 알 수 없을 것이다. 이 장의 나머지 부분에서는 계속 이어지는 본문을 고찰하기 전에 이런 기본 개념에 대해 살펴볼 것이다.

인간 본성

기본 원칙들에서 시작하려는 경우 이른바 '자연상태'에 따르는 일련의 조건부터 다루는 것이 정치철학에서 흔한 일이다. 루소의 선배격인 홉스(Thomas Hobbes)와 로크가 이런 방식을 많이 사용했다. 로크는 다

2　Rousseau, *The Confessions*, p. 377. 이 단계에서 해당 작업은 '정부제도'라 불리는 더욱 애매한 기획이었다. 이보다 큰 연구는 절대 완성되지 못했으며, 『사회계약론』은 핵심 주제의 일부를 간략히 편집한 것이다.

음과 같이 말한다.

> 정치권력을 이해하고 그 본질을 끌어내기 위해서 우리는 인간이 자연적으
> 로 어떤 상태, 즉 자연법의 한계 내에서 자기가 적합하다고 생각하는 대로
> 자기 행위를 결정하고 자신의 소유물과 신체를 처분하는 데 완전한 자유를
> 갖는 상태를 고려해야 한다.[3]

　이런 주장의 배후에 있는 생각은 '비자연적인' 문명의 발생에 앞서 사물이 있었거나 가능했던 도정에 이르는 것이다. 어떤 철학자들에게는 자연상태가 역사적 사실로서 이론화할 수 있는 역사적 사회 발전의 실제 국면으로 다뤄질 수 있지만, 다른 철학자들에게는 현재 존재하는 인민과 가능한 존재로서 인민 사이의 관계에 대한 생각을 이끌어내는 유용한 방안일 수 있다. 두 사례에서 자연상태라는 개념을 도입하는 한 가지 의도는 인민이 본래 어떤 존재, 즉 정식 교육과 법 및 관습이 회복 불가능하게 변질시키기 전에 어떤 존재였는지를 그려내는 것이다.
　루소도 이 점에서 예외가 아니다. 루소는 그런 방안에 의지한 다른 사람들이 충분히 가지 못하고 그들이 이미 거주하는 사회의 기본 형태에 머물렀을 뿐이라고 느꼈다.[4] 루소의 열망은 더욱 근본적이다. 루소는 인민이 원래 어땠는지 분명히 알아내고 근대 문명이 이런 최초의 성격을 어떻게 왜곡했는지 추적하는 것이 가능하다고 생각했다. 루소가 알았던 것보다 아득히 먼 과거에 대해 훨씬 더 많은 지식을 가진 오늘

3　Locke, *Two Treatises of Government*, §4(p. 116). 여기에 대한 더 많은 설명은 반론을 고려하여 §§4-15를 참고하라. 현대 정치철학자 존 롤스(John Rawls)는 그의 저서 『정의론』(*A Theory of Justice*)에서 '원초적 무지' 개념에서 변형된 사회 이전 상태를 사용한다. 여기에 대해서는 이 책의 마지막 장에 소개한 간략한 토론을 보라.
4　Rousseau, *Discourse on the Origin of Inequality*, p. 161.

날에는 문명화 이전 시대 사람들의 도덕적 성격과 의도를 추측하는 데 매우 조심스러울 것이다. 특히 글로 쓰인 증거가 거의 없는 인민의 내면생활이 어땠는지를 상상하기는 몹시 어렵다. 그러나 루소는 그런 우려를 갖지 않았다. 『인간불평등기원론』에서 루소는 근대사회에 휩쓸리기 전에 남성과 여성의 선량한 성격에 관하여 두 개의 확고한 주장을 한다.[5]

　첫 번째로 본래 인간은 상호 독립적이었다는 것이다. 자신에게 필요한 것을 타인과의 확장된 관계망에 의존하는 복잡한 근대사회의 거주민과 달리 좀 더 단순한 과거에 사는 사람들은 자신의 필요를 타인의 도움 없이 더욱 손쉽게 충족시킬 수 있었다. 이 점에서 기술이 큰 역할을 한다. 루소 시대(그 문제에 관해서는 우리 시대 역시)에 지식노동자들은 소박한 자기 충족적인 생활을 꾸려갈 수 없었다. 그들은 자신의 활동을 제조인과 유지인과 공급업자 같은 다수의 타인에게 의존했다. 그들이 일단 고용된 시간을 그런 기술을 사용하는 데 쏟았다면 자기 노동을 돈으로 바꾸기 위해서는 광범위한 은행과 금융 체계에 의존했다. 그러면 살기 위해 필수적인 재화, 곧 먹고 마시고 거주하고 몸을 덥혀주는 상품을 생산하는 전문가들이 필요했다. 그들은 이런 사람들에게 삶을 의존했고 그 반대도 마찬가지다. 루소에 따르면, 먼 옛날에는 이것이 매우 곤란했다. 자신의 기본적 필요를 스스로 충족시키는 환경에 더 많은 생존의 토대를 두고 살았던 사람들은 루소 시대와 우리 세계를 특징짓는 거대한 상호 연결망에 주목하지 않았다. 그 대신에 그들은 고

5　루소는 실제로 『인간불평등기원론』에서 이런 어려움에 관해 언급하여, 자신의 주장이 역사적 사실이 아닌 가설적 추론으로 간주되면 안 된다고 말한다. 그러나 이어진 상세한 설명에서 자신의 주장이 적어도 신중하게 고려되길 원하며, 인간 심리의 정확한 설명으로 간주하는 것이 명백해 보인다.

립된 상태로 스스로의 필요를 충족할 수 있었으며 자신이 원하지 않는
한 다른 사람과 상호작용할 이유가 거의 없었다. 루소는 다음과 같이
흥미로운 정경을 그려낸다.

> 숲에서 이리저리 어슬렁거리면서 산업도 없고 언어도 없고 집도 없고 분쟁
> 과 모든 속박에 대해 대등한 이방인으로서 동료의 도움을 필요로 하지 않고
> 동료를 해칠 어떤 바람도 없는 (⋯) 자기 충족적이며 정념에 거의 지배를
> 받지 않는 그는 자기 상황에 적합한 것 외에 어떤 감정이나 지식도 있을 수
> 없는 (⋯) 그의 이해는 자만심 이상으로 발전하지 않는 자연상태의 인간.[6]

이런 아득한 행복의 상태가 가져오는 결과는 사람들이 자연적 동정
심을 훨씬 더 발휘하게 된다는 것이다. 동정심은 루소의 인간 본성에
관한 통찰에서 근본적인 개념이다. 실제로 루소는 동정심이 사람들 사
이의 조화로운 관계와 성공적인 사회질서에서 가장 중요한 구성요소
가운데 하나라고 생각했다. 상호작용이 자발적이고 비강제적인 자연상
태에서는 더욱 손쉽게 인간 상호 간의 자연적 공감이 활성화된다. 여기
에 대한 한 가지 이유는 누구나 같은 수준에 있고 자기 지위와 권리에
대한 이기적인 관심을 촉진시키는 어떤 억압적 위계질서도 존재하지
않기 때문이다. 또 다른 이유는 인위적이고 강요된 관계와 증오로부터
벗어난 환경에서는 아직까지 인간이 서로 친하게 느끼는 자발적인 능
력이 흐려지지 않기 때문이다. 루소에 따르면 우리 모두는 다른 감각을
지닌 존재에 대한, 처음부터 뿌리 깊은 혐오로 고통을 받는다. 즉 다른
방해 요인이 없다면 그런 사람을 돕는 데 흥미를 느낄 것이다. 이것이

---

6 Rousseau, *Discourse on the Origin of Inequality*, p. 188.

인간다움을 규정하는 특징 가운데 하나다. 자연상태에서 이런 근본적인 동기를 왜곡하는 것은 전혀 없다. 동정심의 상호작용은 결과적으로 자족적인 개인들이 고통을 회피하는 자연적 욕망에 기초하여 상호작용에 이끌리는 조화로운 환경을 창출한다.

> 우리가 망설이지 않고 비탄에 빠진 사람들을 구제하게 하는 것은 이런 동정심이다. 자연상태에서 어느 누구도 그 상냥한 소리에 불복하고 싶다는 유혹을 느끼지 않게 하는 강점과 더불어 법과 도덕 및 덕의 지위를 부여하는 게 바로 이것이다.[7]

따라서 루소에게 인류의 자연상태가 지닌 중요한 두 가지 특징은 의존으로부터의 자유와 동정심의 두드러진 활성화다. 이것은 중요한 주장으로서 루소의 사회분석의 출발점을 형성한다. 그러나 어떻게 그것을 확신하는가? 실제로 과거의 인간은 루소가 제시한 정도로 서로 독립적일 것인가? 또한 동정심의 작동은 실제로 경쟁심이나 증오심과 같은 다른 인간의 동기에 비해 특별히 우선시되는 본성인가?

이런 주장을 평가할 때 우리는 어느 정도까지는 루소와 마찬가지로 알지 못한다. 우리는 루소의 주장을 입증하려고 가상적인 자연상태로 되돌아갈 수는 없다. 그렇지만 루소의 가정에 의문을 품을 수 있는 것은 확실하다. 문명화되기 이전 몇몇 공동체는 우리 시대나 루소 시대보다 덜 복잡하고 덜 상호의존적이었던 반면, 사람들이 서로 의존관계를 맺지 않는 상태는 지금껏 없었던 것으로 보인다. 의식주의 생산에는 어느 정도의 협력과 교환 내지 강제가 있어야 한다. 환경적, 심리적

---

7   Rousseau, *Discourse on the Origin of Inequality*, p. 184.

압박이 사람들을 위계질서로 묶거나 서로의 생활공간을 침범하게 하
거나 어떤 종류의 공식적 교역 질서에 들어가도록 강요하지 않았던 역
사적 단계가 있었다는 생각은 공상적으로 보인다. 이와 유사하게 동정
심이 인간 존재의 중요한 구성요소임을 부인하는 사람은 거의 없는 반
면에 익숙한 사회제도가 부재한 상태에서 동정심이 유독 두드러진 역
할을 했을지는 분명하지 않다. 뒤에서 보게 되듯이 루소는 이런 동기
를 잠재적으로 모순되는 자기 보존의 본능과 대비시킨다. 기술이나 복
잡한 사회구조가 거의 존재하지 않는 아주 원시적인 당대의 사회에서
도 사람들은 선진 세계의 거주민을 쉽게 타락시키는 충동과 동기를 모
두 드러낸다. 그와 비슷하게 유인원과 같이 인간과 가장 유사한 동물
집단에도 인간 사회만큼 많은 억압과 폭력 및 시기가 존재한다. 이 모
든 것은 루소의 자연상태에서 그려진 이상주의적 비전에 의심을 품게
한다.[8]

　　루소 주장의 역사적 정확성을 의심하는 것은 타당하지만 아직은 우
리 사회의 질병에 대한 루소의 분석을 전적으로 부인할 필요가 없다.
현재로 이행하면 강압과 강제 관계로 정식화된 과다한 사회적 상호의
존은 인간의 행복과 동정심이라는 자연적 능력을 심각하게 고갈시킨
다. 실제로 루소는 주목을 끌 가치가 있는 일련의 개념을 사용하여 이
런 일이 어떻게 일어나는지를 상세하게 보여준다.

8　루소의 자연상태에 대한 비판적 평가는 다음에서 찾아볼 수 있다. J. C. Hall,
Rousseau: An Introduction to his Political Philosophy, pp. 28-73. 다음 책도 참고하
라. Christopher Bertram, *Rousseau and the Social Contract*, pp. 33-36.

심리와 사회

루소는 『인간불평등기원론』에 다음과 같이 쓴다.

> 자애심(amour de soi-même)은 모든 동물이 자신의 보존에 관심을 갖게
> 하며, 이성으로 이끌고 동정심으로 중화되는 자연적 감정으로 인류애와 덕
> 을 창조한다.[9]

프랑스어 amour de soi-même나 amour de soi는 '자기애'(love of
oneself), '자기 사랑'(self-love)으로 번역될 수 있다. 루소에게 이것은
사람들에게 존재하는 가장 자연스러운 성향이며, 루소 심리학의 중요
한 측면 가운데 하나다. 자기 사랑은 문명화 이전 사회의 본질적으로
친절하고 동정심 많은 상태에 관해 일찍부터 전해져온 인간 행위의 약
간 이상야릇한 논거다. 그러나 루소의 어법에서 그 용어는 영어에서 종
종 사용되는 것처럼 과다한 자애(self-regard)나 자만심(vanity)을 의
미하지 않는다. 이런 이유로 영어권의 루소 주석가들은 그 용어를 번역
하지 않은 채로 남겨둔다. 루소가 의미하는 것은 자기 보존에 대한 건
전한 욕망이 우리의 다른 모든 욕망의 토대라는 점이다. 다른 타락한
성향이 없기에 이것은 전적으로 건전하고 적절한 것이다. 결국 인간의
안녕을 어느 정도 보호할 마음을 갖지 않으면 생명은 모순되고 변덕스
러운 것이 될 것이다. 가장 단순한 차원에서 amour de soi는 자신을 보
살피면서 평생 동안 번영되고 안정된 행보를 추구하는 자연적 본능을
의미한다.

9　Rousseau, *Discourse on the Origin of Inequality*, p. 182(n.2). 역자는 amour de
soi-même를 자애심으로 번역했다.

물론 그것은 다른 생물도 공유하는 동기다. 동물도 본능적으로 같은 것을 추구한다. 루소, 적어도 초기의 루소에게 동물의 자기 보존 본능과 인간의 자기 사랑 감정에는 큰 차이가 없다. 그러나 인간은 학습을 하고 미래를 계획하는 능력은 물론 훨씬 더 많은 합리적 감각을 갖고 있다. 따라서 동물의 자기 보존 본능은 해로운 것을 피하고 유리한 것을 추구하는 직접적인 충동에 국한되는 반면 사람의 자기 사랑 감정은 더욱 복잡한 동기로 변형될 수 있다. 생각해보면 어떤 장기 목표는 욕망의 단기 만족보다 행복과 성취에 도움이 될지도 모른다. 그런 경우에 amour de soi는 인간 존재에 부여한 고상한 가치에 가장 적합한 형태의 생활을 형성하는 더욱 고상한 야망으로 작용하는 동기가 될 수도 있다. 인간 생활이 보존되고 보살필 가치가 있다는 믿음은 곧바로 인간 생활이 본질적으로 의미가 있고 사물이 성장과 발전을 향한 인간의 잠재력을 극대화하는 방향으로 조직되어야 한다는 생각으로 확대된다. 사람들의 교섭이 느슨하고 강요되지도 않는 자연상태에서 amour de soi는 동정심을 향한 우리의 성향과 경합하지 않는다. 인간은 활발한 상상력을 통해 자기만큼이나 타인의 삶의 가치를 잘 인식할 수 있으며 타인의 목표 달성을 흔쾌히 도울 수도 있다.

그러나 amour de soi의 자연적 선함은 타락할 가능성이 상당히 높다. 루소의 자연상태와 역사적으로 유사한 상태를 어떻게 생각하든 인간은 자신의 생계와 야심을 보존하려는 욕망이 타인의 욕망과 충돌할 가능성이 있음을 쉽게 알아차린다. 실제로 루소는 나날이 상호의존의 연계망이 늘어나는 복잡한 사회에서 호의적인 amour de soi는 곧바로 (잠재적으로) 악의적인 amour-propre로 변한다고 믿었다. 이 말은 아주 혼란스럽게 자기 사랑(self-love)으로 번역될 수도 있지만, 그 의미는 우리가 통상적으로 생각하는 것과 같지 않다. 루소는 『인간불평등

기원론』에서 다음과 같이 말한다.

> amour-propre는 모든 개인을 다른 누구보다도 자신에게 더 많이 집중하게
> 하는, 사회에서 발생한 인위적이고 상대적인 감정으로서 사람들이 서로에
> 게 행하는 모든 악을 고쳐시키고 명예의 순전한 원천이 된다.[10]

amour-propre는 자기 보존을 향한 건전한 동인의 발전을 자기 존재에 대한 타인의 인정을 확보하려는 좀 더 복잡한 욕망으로 발전시킨다. 이것은 보통 부정적인 동인으로 특징 지워진다. 그러나 이런 관념에 대한 루소의 정확한 의도에는 약간의 불확실함이 있다. 일부 주석가들은 amour-propre의 배후에 있는 근본적인 동기는 해롭지 않고 몹시 적절하다고 주장한다. 그것은 사회에 가치 있는 구성요인으로 인정받기 원하며, 인간의 존엄성과 명예가 존경받기에 아주 적절한 것이다. 그러나 특히 우리의 중요성이 타인에 의해 도전받기에 이르면 이런 동기는 매우 타락하기 쉽다. 자신에 대한 평가가 불안하고 사회에서 자기 위치가 저평가된다고 믿으면 인정 욕구는 자존감을 타인에게 부과하려는 흥분되거나 해로운 바람으로 변할 수 있다. amour de soi라는 감정이 가져다주는 감탄스러운 자존감은 자기 자신의 중요성을 과장하게 하고 이는 결국 투쟁과 경쟁으로 이어진다. 위계질서와 불평등에 기초한 사회질서가 부재할 때 인간의 가치 있는 자연적 충동을 해로운 amour-propre의 토대로 변형시키는 부적절한 촉매가 나타날 수도 있다. 그러나 적어도 불완전하게 구성된 사회에서 서로 규칙적인 결합을 하는 경우 재원과 명성을 향한 경쟁은 본질적으로 자만과 일방독주로 빠지게 하

는 성향을 촉진하고 강화시킨다.[11]

동시대의 많은 사회 관습을 비판하고 학문과 예술의 유익한 효과를 비관하면서 루소가 걱정한 것은 해로운 amour-propre로의 추락이다. 루소의 분석에 따르면 당시의 문명화된 시대(현 시대 역시)는 다른 모든 사람의 희생으로 자리 잡으려는 오만한 욕망으로 왜곡된다. 이런 지속적인 긴장은 거대한 기술적 혹은 예술적 변화가 일어난다는 의미에서 창조적일 수도 있지만, 적어도 두 가지 의미에서 심각하게 해롭다.

첫째, 강자가 약자로부터 특권과 혜택을 강탈하는 것만큼 정치적 불평등과 부정의가 활개치게 된다. 둘째, 인간이 문명화되기 이전 '자연적인' 상황의 단순한 열망으로부터 더 멀어지는 만큼 모든 사람의 심리적 건강이 손상된다. 그런 사회질서 속에서 참된 행복과 성취를 누릴 가능성은 언제나 멀어진다. 즉 개인은 피상적인 성취의 상징을 위해 어쩔 수 없이 분투하게 되며 서로 적대 상태에 놓인다. 그런 투쟁에서 패배한 사람들은 지위 상실과 amour-propre의 좌절로 불행해진다. 목표 달성에 성공한 사람들조차 만족스럽고 자연스러운 amour de soi보다는 오히려 왜곡되고 공허한 목표에 만족할 뿐이므로 진심으로 행복하지 않다.

이런 곤란한 상태에 대한 최선의 해법으로 루소가 무엇을 생각했는지는 분명하지 않다. 어떤 주석가들에 따르면 루소는 문명 이전 상태로의 회귀만이 도덕과 행복을 향한 인간의 참된 잠재력을 실현시켜줄 것

---

11   amour-propre에 대한 설명은 다음을 참고하라. Dent, *Rousseau: An Introduction to his Psychologicla, Social and Political Theory*, pp. 70-72. 여기에서 루소 심리학의 훨씬 더 폭넓은 설명과 역할에 대해 말한다. 다음 글도 참고하라. Dent and O'Hagan, "Rousseau on Amour-Propre", *Proceedings of the Aristotelian Society, Supplementary Volumes*, Vol. 72, pp. 57-73.

이라고 믿었다.[12] 루소는 이것이 현실적인 제안이라고 일관되게 주장할 수 없었다. 즉 『사회계약론』에서 상세히 설명된 정치제도의 존재는 심지어 법에 구속되고 제도로 다스리는 복잡한 '문명화된' 사회질서 속에서 인간이 조화롭고 생산적으로 생활할 수 있다고 생각할 이유가 된다. 이에 반해 이 책의 뒤에서 루소의 정부에 관한 견해에서 보게 되듯이, 인민을 다스리는 사회제도가 아무리 좋을지라도 자기의 품성을 최고의 모습으로 유지하는 인민의 능력에 대해 자주 반복되는 뿌리 깊은 비관주의가 존재한다. 하지만 루소는 종종 인간의 자연적인 선함에 대한 정치체제의 효과에 대해 비관적이지만, 루소 자신이 정치조직에 대한 긍정적인 이론을 충분히 전개했으므로 시종일관 모든 형태의 사회가 실패하게 되어 있다고 생각한 것 같지는 않다.

따라서 『사회계약론』의 전개를 추동하는 생각들을 요약하려면 이 생각들을 다음과 같이 결합해보는 것이 좋다. 인민은 선함과 동정심의 능력을 부여받는다. 이런 능력이 최대로 발휘되는 사회 이전의 상태를 상상하는 것이 가능하다. 심지어 그런 상태가 존재했던 적이 있다. 하여튼 이런 건강한 추동력이 더 탐욕스럽고 자기중심적인 일련의 동기에 전복되는, 불평등한 의존관계로 특징 지워지는 사회적 상호작용이 존재한다. 이런 결과는 불평등하고 억압적인 정치체제로 지속되는 불행과 도덕적 타락이다. 루소의 관점에서 당시의 사회는 이런 과정에 대한 전폭적인 실례다. 인류가 이런 상황에서 벗어나려면 사회관계의 모든 토대가 변해야 한다. 설령 자연상태로 되돌아가는 것이 불가능할지라도 인민의 행복과 성취를 극대화하는 방식으로 인민의 경쟁적인 요구를 절충하는 방안이 있다.

---

12 동시대의 수학자이자 역사가인 고티에(Joseph Gautier)는 이렇게 믿었지만 루소는 그의 제언을 명확히 거부했다. 다음을 참고하라. Wokler, *Rousseau*, p. 23.

이런 적극적인 이상이 앞으로 살펴볼 『사회계약론』에서 루소가 수행한 기획이다.

3장
저술 읽기

1권

루소가 『사회계약론』에서 전개한 사상은 본래 '정부제도'라 불리는 더 큰 저작의 일부로 구상한 것이었다. 그러나 루소는 이런 야심적 계획을 포기했으며, 『사회계약론』은 정치와 정치철학에 관한 루소의 가장 완전한 저작으로 남게 된다. 그것은 가장 유명하고 널리 읽히며 사상가와 작가로서 루소의 명성을 뒷받침한 책이다. 그럼에도 비교적 짧고 간결하며 중요한 대부분의 내용은 『사회계약론』의 전체 4권 가운데 앞의 2개 권에 집약되어 있다. 얼핏 보면 그것은 믿을 수 없을 정도로 쉽게 읽히고 정치철학의 훨씬 더 장황한 저작들과 다르게 간결한 방식으로 표현된다. 그러나 이런 간결함 뒤에는 진정한 해석의 어려움이 숨어 있다. 앞으로 알게 되듯이 루소 자신이 말의 의미가 곧바로 명백하게 전달되어야 한다고 생각하는 것처럼 보일 때조차 그가 제시하는 몇몇 핵심 용어의 의미를 파악하기 어려울 수 있다. 그 결과, 때때로 애매한 사상의 해석에 관해 루소 전문가들 사이에서도 완전한 합의가 절대 이뤄지지 않는다. 그럼에도 비교적 짧은 본문 내에 독창적이고 논쟁적인 사고의 보화가 담겨 있으며, 그 대부분은 오늘날 정치이론가들에게 지속적으로 영향을 미치고 있다.

여기에서는 『사회계약론』에서 제기된 몇몇 논쟁과 어려움을 소개하는 것은 물론『사회계약론』의 중요한 주제와 사상에 대한 종합적인 개관을 제공하고자 한다. 루소의 생애와 초기 정치 저작에 대한 고찰에서 알게 된 것처럼, 정의롭고 평등한 사회라는 주제는 루소의 사상에서 절대 벗어나지 않았다. 인류의 근본적인 선함에 대한 믿음과 결부된 루소 자신의 환경에 대한 빈번한 실망은 더 나은 사회조직에 관한 긍정적 사상의 촉진제였다. 루소는『사회계약론』에서 이런 사상을 4권으로 정리한다.

1. 정당한 사회의 기초와 조직의 근본 원리
2. 정당한 사회의 입법적 틀
3. 정부의 다양한 기능과 능력에 대한 세부 사항
4. 종교의 위상을 포함한 사회조직의 다른 양상

각 부분은 다시 짧은 장으로 나뉜다. 이런 지침은 연속적인 장으로 이어진다. 이는 루소가 주장을 발전시키기 위해 일반적으로 사용하는 명확한 연쇄 추론이기 때문이다. 그러나 이 모든 구분은 명확하지 않고 동일한 중요성을 갖지도 않는다. 따라서 우리는 어떤 장에 더 많은 시간을 쓰게 될 것이다. 아래의 소제목들 뒤에 붙은 괄호 안에는『사회계약론』해당 장의 번호가 들어 있어 관련 부분을 쉽게 참조할 수 있도록 도와줄 것이다.

자유에서 속박으로(1)
루소의 삶을 간략히 고찰하며 알게 되었듯이, 루소는 정치체제를 하나 이상 알고 있었다. 루소는 대부분의 저작을 위계적 군주제 하의 프랑스에서 썼지만 사실 그의 사상에 촉진제가 되어준 곳은 제네바 공화국이었다. 『사회계약론』의 표제에서 루소는 자신을 명백히 '제네바 시민'으로 표기한다. 루소는 베르길리우스의 서사시 『아이네이드』에 나오는 풍자, '공정한 협약을 합시다'(feoderis aeqas, dicamus leges)를 인용한다. 당시의 제네바 공화국과 계몽된 고대 문명의 유산이라는 두 요소는 『사회계약론』에 전반적으로 묘사된 영감의 원천이다. 타락한 문명에 대한 비관론을 펼치면서도 루소는 경쟁할 만한 가치가 있는 어떤 모델이 있다고 생각한 것이 분명하다. 제네바가 제시한 불완전한 실례와 고대 작가들에 대한 루소의 독서는 그가 이후에 말하는 많은 것의 토대가 된다.

루소는 아주 짧은 첫 번째 장을 포함하여 다음에 오는 몇몇 문단에서 "현재 있는 그대로의 인간과 가능한 법으로 정당하고 확고한 통치원칙을 세울 수 있는지를 고려하는 것"(SC, I, 1)을 자신의 과업으로 받아들인다. 여기서 중요한 단어는 '정당한'이다. 즉 루소는 단순히 정부를 만들 수 있는 어떤 기제를 확립하기를 원하지 않는다. 루소는 공정하고 정의로운 정부를 창출하는 원리, 곧 인민의 자연적 선함이 파괴적인 이기심의 형태나 전제주의의 가능성에 굴복하지 않는 정부에 관심을 갖고 있다.

그럼에도 루소는 허무맹랑한 공상에서 벗어나기를 간절히 바란다. 사회에 대한 루소의 통찰은 (적어도 의도에서는) 현실적인 것이다. 루소는 이상적인 존재가 아닌, 현재 존재하는 인민을 출발점 삼아 그들이 삶을 정당하게 통치할 법과 원리가 무엇인지 숙고한다. 루소는 전형적으로 아주 솔직하게 (그가 말하듯이 군주도 입법가도 아닌) 자신의 신분이나 지위로 인하여 이런 쟁점에 아무런 독특한 통찰을 주장하지 않고 투표권을 지닌 자유 국가의 성원으로서 자기가 소속된 사회에 관해 주의 깊게 생각할 의무가 있다는 암시를 제공한다. 루소는 작가로서 정치에 관련된 사상 논쟁에 기여해야 한다는 어떤 의무감을 갖고 있었다. 만약 루소가 군주나 입법가라면 이론화에 시간을 쓰기보다는 자기 사상을 실천에 옮기는 것이 더 나을 것이다. 여기에 무심하게 표현된 사회에 이해관계를 갖는 권리(이런 경우에 입법부를 구성하는 투표)는 그것을 가장 잘 이용할 동일한 의무를 수반한다는 생각이 명확하지만, 그에 대해서는 다음 장들에서 살펴볼 것이다.

본문에서 벗어나지 않는 서문에서 루소는 가장 유명하고 인상적인 주장 가운데 하나를 펼친다. "사람은 자유롭게 태어나며, 도처에서 사슬에 매여 있다."(SC, I, 1) 이것은 우리가 앞장에서 논의한 인간적 역경의 핵심을 찌른 전형적인 표현이다. 알다시피, 루소는 사람들이 본래 선한 피조물로서 외부 세력에 속박되지 않으면 자유롭게 자기 보존과 풍요를 향한 자연적인 경향을 추구한다고 믿는다. 그러나 불완전하게 형성된 사회는 개인들 사이에 건전하지 못한 의존 정도를 부추김으로써 이런 충동들을 타락시키는 경향이 있다. 이런 의존관계가 구체화되고 널리 퍼지면 자애심(amour de soi)의 충동은 해로운 이기심(amour-propre)으로 대체된다. 따라서 유명한 구절로 구성된 '사슬들'은 부분적으로 심리적 의미를 지닌다. 본래(잠재적으로도) 개인이 누리는 자유는 파괴적이고 위험한 행위 양식에 호소하지 않고는 얻을 수 없는 문화로 억압된다.

분명히 이와 같이 애처로운 구절들에 루소 자신의 경험을 반영해 보는 것이 가능하다. 이미 보았듯이 루소는 이상주의와 상상력의 비약이 너무 많지만 자기 행로가 막힌다고 느끼면 분노하고 역정을 내는 다소 불안정한 성격이었다. 지방 출신의 미천한 신분이었던 루소는 디드로와 데피네 부인(Madame d'Épinay)과 같은 인물의 도움으로 파리 상류 사회의 유명인이 되었다. 루소는 시간이 지나면서 거의 모든 후원자들과 사이가 틀어졌고, 사방에서 자신을 향한 음모가 증폭되는 것을 보았다. 이런 상황에서 루소는 모든 의존관계를 본질적으로 악하게 보고 명성을 얻기 전의 방랑하던 시절을 훨씬 더 진정성 있는 삶의 양식으로 회고했을 것이다. 고독한 학자의 자유는 어쩌면 그가 파리 상류 사회에서 목격한 자만과 허영 및 속임수와 초라하게 대비되었다. 작곡가와 작가로서 목표를 추구하기 위해 그런 환경에서 생존을 강요당한 것이 루소에게 견딜 수 없이 불쾌하고 상당한 정신적 불안을 거듭 안겨준 것으로 보인다.

루소에게 최악의 어리석음은 후원과 의존의 상호작용에 기반한 사회에서 자기 길을 찾아가는 지속적인 싸움에서 이길 수 있다고 믿은 것이다. 설령 구체적인 관계에서 정상에 오른 사람일지라도 타인에 의해 강화되는 자기 지위에 대한 끊임없는 요구로부터 벗어나지 못한다. 피라미드의 정점에 앉아 있는 사람들은 아랫사람들에게 인정받는 고위직을 차지하려는 욕망으로 여념이 없을 것이다. 정말로 그런 상태의 핵심은 그것이 타인에 의해 꾸준히 공적으로 인정되는 한 지속된다는 점이다. 따라서 그런 사람들은 실제로 자기 밑에 있는 사람들에게 더욱 의존하며 세속적인 성공을 성취하지 못한 불행한 사람만큼이나 많은 조직 내에서 죄인들이다.

물론 루소의 말을 더욱 직접적으로 해석하는 방법도 있다. 불완전하게 구성된 사회에서 강요되는 심리적 족쇄와 더불어 더 많은 언어적 변용으로 정치적 억압, 노예화, 다른 형태의 제도화된 강제도 있다. 악의적인 이기심(amour-propre)이 우세한 환경에서 인정 동기는 빠르게 정치적 불평등 상태로 귀결된다. 자력으로 더 큰 물질적 부를 획득한 사람들은 자기 수익을 보호할 법을 통과시키는 반면, 뒤처진 사람들은 억압의 멍에 아래에서 고통받거나 어떻게든 강자의 지위에 오르려고 싸울 것이다. 법률의 통과와 그것을 강화하기 위한 부수적인 제도는 처음에 역기능적인 사회질서를 특징짓는 재원과 명성을 향한 경쟁을 규율하는 훌륭한 방법으로 보인다. 서로가 불화하는 상황에서 대부분을 상실한 상태에 놓인 약자들은 실제로 규제 조항을 환영하고 그런 법이 그들에게 주는 안전의 대가로 행동의 자유를 대부분 포기할지도 모른다. 그러나 이런 법률은 주로 지배자들에 의해 부과되므로 그들의 안전은 착각에 불과하며 그들이 확보한 약속은 초라한 약속이다. 루소는 『인간불평등기원론』에 다음과 같이 썼다.

> 모두가 자유의 확보를 기대하며 앞뒤를 가리지 않고 자신의 사슬로 달려갔다. 그들은 정치제도의 장점을 인식할 수 있을 만큼 이해력을 가졌으나 그 위험을 예측할 수 있을 만큼 경험은 없었다. (…) 사회와 법률의 기원은 이러하거나 이러했을 것이다. 그것은 빈자에게 새로운 족쇄를 부과하고 부자에게 새로운 힘을 부여했다. 이것이 자연적 자유를 회복할 수 없게 파괴하고 재산법과 불평등을 영구히 고정시키며, 교활한 횡령을 변경이 불가능한 권리로 전환시키고 몇몇 야심가들의 이익을 위해 모든 인류를 영구적인 노동과 예속과 비참에 복속시켰다.[1]

이것이 논쟁으로 가득한 말 가운데 드러난 루소이며, 루소가 생각하기에 부정의한 사회의 성원들을 묶는 '사슬'의 정도를 나타낸다. 그러나 이런 냉혹한 각본을 묘사한 뒤에 루소는 자신만만하게 해법, 곧 억압적인 정치제도를 순수하게 정당하고 훌륭한 사회의 도구로 바꾸는 수단을 갖고 있다고 주장한다. 거기로 움직이기 전에 루소는 그가 생각

---

1 Rousseau, *Discourse on the Origin of Inequality*, p. 203.

하기에 그런 파괴적인 특징을 분명히 드러내는 어떤 사회질서의 본성
을 고찰하는 몇 개의 장을 쓴다. 이런 취약점을 드러냄으로써 루소는
정치체제 개혁에 대한 개요를 드러내고 자신의 주장을 뒷받침한다.

지배의 탄생(2)

루소는 세 종류의 불만족스러운 토대, 곧 자연의 권위, 최강자의 권리,
노예제를 고찰한다. 오늘날의 독자에게 이들 가운데 특별히 어느 것도
정당한 정치질서에 적합한 출발점으로 여겨지지 않고 오히려 이상한
시작으로 보일 것이다. 그러나 루소가 살던 시기에는 그런 통치 형태의
장점에 대해 훨씬 더 많은 토론이 있었을 것이다. 노예제는 유럽에서
다음 세기까지 합법이었다. (특정 인종이나 성별 혹은 단지 정복을 통
해 타자에 대한 지배를 확립한 국가 출신인) 몇몇 인민 집단이 다른 인
민을 지배하기에 더 적합하다는 관념은 직관적으로 오늘날 보이는 것
보다 더욱 그럴듯했다. 따라서 루소의 표적은 쓸데없이 선택된 것이 아
니었다. 뒤에서 보게 되듯이, 루소 자신의 사회 구상은 모든 성원의 자
유와 평등에 커다란 비중을 둠으로써 개인이나 집단 사이에 고유한 가
치나 자유에 기초한 경쟁적 설명이 정반대 방향으로 이뤄진다. 설령 루
소가 공격하는 지위에 대해 많은 공감을 얻는 것이 곤란할지라도, 특히
그중에서도 다른 정치체제를 평가할 때 루소가 중요하다고 생각한 기
준에 비추어보지 않는 한 그것에 반대하는 루소의 추론을 따르는 것이
여전히 교훈적이다.

　루소의 첫 번째 표적은 자연의 권위다. 이것은 처음에 추론에 의한
논쟁의 형태를 취한다. 우리가 사회의 정당한 토대를 찾아다닐 때 자연
에서 원형을 찾는 것이 자연스럽다. 한 가지 분명한 것은 가족이다. 어
린이는 성인과 동등한 존재로 세상에 나오지 않는다. 생존의 문제로 어

린이는 부모의 보호에 의존한다. 따라서 자녀는 가장(루소의 묘사에서 아버지)에게 종속되는 것이 자연스럽고 보호와 지도의 대가로 자기가 원하는 것을 할 자유를 제한받는다. 루소 시대의 많은 정치이론가에게도 그런 상황은 유용한 사회의 실례처럼 보였다. 그런 논의에서 국가의 시민은 어린이와 같고 지배자는 아버지와 같은 것으로 통한다. 지배자는 아버지가 자식에 대해 권위를 주장하는 것과 같은 근거로 통치권을 끌어낸다.

확실히 가정과 국가의 권위 사이에 유사성을 떠올리기 쉽다. 예컨대 봉건사회에서 개인의 생존 능력은 어린이가 아버지에게 의존하는 것과 아주 똑같은 방식으로 자기를 강력한 왕에게 귀착시키는 능력에 달려 있는 것이 당연하다. 가족관계와 사회관계의 반향은 심지어 현대 세계에서도 나타난다. 즉 특별한 지위나 기능을 가리키는 '아버지'라는 종교적 표현이 대표적인 사례다. 아프리카의 많은 언어에서 '아버지'와 '어머니'는 가족관계를 끌어내는 것처럼 사회적 위계와 존경을 표시하는 데 자주 사용된다. 이런 직관적인 유사성의 결과로 필머(Robert Filmer)와 같은 작가들은 17세기에 그 유추를 상당히 체계적으로 확장해 당대 부권의 권위를 아담에까지 거슬러 올라갔고, 가부장적인 정치 모델은 널리 알려져 영향력이 커졌다.[2]

그러나 루소가 지적했듯이, 추론은 그만큼만 보여준다. 단지 가정과 국가 사이에 몇몇 공통점이 있다는 이유만으로 양자가 같은 방식이나 같은 양상으로 규정되어야 한다는 결론이 나오지는 않는다. 어린이가

---

2   필머의 기본 주장은 그의 영향력 있는 저서 『부권론』의 장 제목들로 알 수 있다. "1. 최초의 왕은 가족의 아버지들이었다." "2. 인민이 통치하거나 통치자를 선택하는 것은 부자연스럽다." "3. 실정법은 자연적인 왕의 부권을 침해할 수 없다." 그는 성경의 권위를 통치의 정당한 원리를 확립하는 토대로 간주하며, 대의정부와 민주주의의 강력한 비판자다.

성장하여 더 이상 아버지의 도움이 필요 없을 때, 자연적인 권위의 속
박이 해소된다. 여전히 존경과 복종의 관계가 약간 남아 있을지 모르지
만, 그것은 연관된 개인들의 문제다. 즉 아버지가 성숙한 자녀에게 갖
는 권위는 미성년자에게 갖는 권위와 다르다. 덧붙여 아버지는 가족관
계에서 자기 자식을 향해 느끼는 강한 사랑의 감정으로부터 이익을 얻
는다. 루소에 따르면 통치자가 통치받는 인민을 향해 같은 방식으로 느
끼는 것은 부적절하다. 훌륭한 통치자는 자기 신민을 향해 변함없이 공
평무사하다. 그렇지 않으면 통치자의 결정은 틀림없이 근시안적이고
타락하게 될 것이다. 이런 차이의 결과로 가정은 정치체제의 불충분한
모형이다.

  이것은 양 측면에서 상당히 취약한 주장이다. 루소는 가족의 해체가
상당히 피상적인 만큼 가족 모형이 자명하게 불충분한 국가의 기초라
고 생각했을지 모른다. 그러나 (만일 있다면) 그런 추론은 세상에 실제
로 분리된 두 개 유형의 사람들, 곧 지배자에게 필요한 능력과 권력을
지닌 아버지와 같은 사람들과 자신의 이익을 위하여 지배받을 필요가
있고 일종의 위축된 자유를 갖는 사람들이 있다는 좀 더 근본적인 생각
에 기초한다. 루소는 이런 견해를 좀 더 상세히 고려하며 이런 견해의
지지자로서 세 명의 철학자인 아리스토텔레스, 홉스, 그로티우스를 인
용한다.

  앞에서 이미 루소가 지적 상대자로 자주 언급하는 그로티우스에 관
해 간략히 이야기했다. 그로티우스는 자기 신민에 대한 통치권의 강력
한 옹호자이며, 훨씬 더 억압적인 정체를 옹호하는 역사적 법적 선례를
이용했다. 그와 대조적으로 홉스는 좀 더 실질적인 근거에 기초해 강한
권위를 지닌 정부를 주장했다. 홉스의 견해에 따르면 자연상태는 통제
받지 않는 개인 사이에 끊임없는 분쟁이 일어나는 끔찍한 장소(루소의

자연상태와 정반대의 가정)이므로, 그런 개인들의 자유가 강력한 정부
에 양도되는 것은 실용적이면서 도덕적으로 정당화된다. 홉스의 설명
에 따르면 그런 사회의 우두머리에게 주어진 권위는 그 상황을 규제하
는 포괄적인 권력을 갖게 되고 상대적으로 호소할 수단이 거의 없는 피
지배 집단은 일이 진행되는 방식을 싫어하게 된다.[3] 비슷하게 아리스토
텔레스의 정치철학에서 사회의 특정 계층은 본질적으로 다른 계층보다
지배하기에 더 적합하다고 주장되었다. 어떤 사람들은 노예로 태어나
고 어떤 사람들은 주인으로 태어난다. 아리스토텔레스는 가정의 유추
와 유사한 방식으로 사회의 어떤 집단은 완전한 자유를 분별 있게 사용
할 수 없으므로 그 일에 더 적합한 사람들에 의해 지도를 받아야 한다
고 주장한다.[4]

루소는 본질적으로 두 계층의 사람들, 곧 지배하는 데 적합한 사람들
과 지배받기로 정해진 사람들이 있다는 관념을 거부한다. 루소에게 그
런 방식으로 특징짓는 것은 가축으로 지배받는 자와 목자로 지배하는
자로 묘사하는 것과 비슷하다. 마치 어떤 사회 집단들이 관습과 전통의
결과로 이런저런 운명에 처해지는 것처럼 보일 수 있는 게 사실이다.
그러나 이것은 나쁜 길로 돌아가는 방식이다. 만약 노예가 오랜 기간
노예 상태에 있으면 그것을 자연스러운 상태로 인식할 것이다. 실제로
어떤 사람들은 그것을 정당하게 생각하여 자신의 낮은 지위에 어느 정
도 만족할 수도 있다. 그러나 그것은 사회의 영향보다 앞선 역할에 적
합하기 때문이 아니다. 그 대신에 결과적으로 자연스럽게 보이는 상태

---

3   Hobbes, *Leviathan*, Chapter XVIII(p. 122)을 참고하라.
4   어떤 사람들은 노예에 적합한 반면 어떤 사람들은 통치자에 적합하다는 생각에 대
한 아리스토텔레스의 설명은 다음을 참고하라. Aristotle, *Politics*, Book I Chapter
v(1254a17-1255a3).

로 그들을 몰아넣은 것은 사회다. 이런 극단적인 실례로 '스톡홀름 증후군'(Stockholm Syndrome)을 생각할 수 있다.

　사회 안에서 집단의 자연적 위계질서에 대한 루소의 주장은 매우 간단하다. 그 주장에 따르면 마치 루소는 그것에 아무런 주의를 기울이지 않는 것처럼 보일 수도 있다. 그러나 앞에서 살펴본 인간 본성과 심리학에 관한 논의를 명심할 가치가 있다. 루소의 해석에 따르면 아리스토텔레스는 사람들이 사회질서에 들어오기 전에 이미 일련의 능력을 갖고 있으며 국가는 이런 차이 나는 능력을 주변에 두루두루 조직해야 한다고 주장한다. 그러나 루소가 보기에는 사회 자체가 사람들의 기본 심리와 동기를 변경할 책임이 있다. 자연상태에 관한 루소의 가정은 부분적으로 이런 관념을 명확히 한다. 이런 설명이 설득력이 있다면 루소가 사회 안의 어떤 집단이 처음부터 다른 집단보다 더 많은 권리를 가져야 한다는 관념을 거부하는 것에는 모순이 없다. 루소가 보기에 어떤 사람들은 노예에 적합하고 다른 사람들은 고상함에 적합하다는 것은 부당한 사회의 징후이지, 그 관념이 정착된 이유가 아니다. 따라서 사람들 사이에 지배자와 피지배자의 고유한 위계가 있다는 관념은 왜곡된 인간 본성에 관한 견해에 의존하므로 잘못이다. 결국 상상 속의 문명화 이전 상태에서 인류를 그런 계층으로 나눈 것은 기능 장애를 일으킨 사회의 발달에 불과하다.

　따라서 루소의 견해 속에서 어떤 계층 사람들의 적합(혹은 부적합)은 그것에 대한 정당화라기보다는 오히려 사회질서의 산물이다. 다른 말로 누가 통치자가 되고 피통치자가 되는지를 결정하는 것은 자연이 아닌 양육이다. 적어도 사회 집단과 계층에 관한 한, 루소의 견해는 오늘날 우리 시대의 견해와 대단히 많이 일치한다. 물론 어떤 집단은 다른 집단보다 권위와 자유의 지위에 적합함을 보여주려는 많은 이론이 있다. 다양한 점에서 역사 속의 어떤 사회계층과 인종 및 성별은 다른 이들에 비해 자연적으로 우월하며, 그런 우월함을 토대로 다른 이들보다 더 많은 자유나 권력을 누린 것이 틀림없다. 이런 주장을 하는 사람은 오늘날 거의 없다. 물론 특정 성별이나 인종의 가능성이나 능력에 대해 어떤 결론을 내려주는 충분한 유전적 차별성이 있는지는 논쟁거리다. 그러나 20세기에 이르는 동안 인류에 관한 사이비 과학적 판단의 끔찍한 결과는 서구에서 여성과 소수 인종에게 시민권을 부여하는 지난한 과정과 결부되어 어떤 집단이 본래부터 통치에 대한 권리와 의무를 갖고 있다는 사회이론은 부정되었다. 따라서 그런 위치에 대한 주장이 다소 성급할지라도 루소는 확실히 현대 독자들이 받아들일 만한 주장을 옹호한다.

힘이 권리(3)

자연의 권위에 기초한 사회질서를 거부한 루소는 적합하지 않은 더욱 단순한 통치 형태, 곧 최강자의 권리로 돌아간다. 여기서의 입장은 다음과 같다. 비록 본질적으로 통치에 적합한 계층의 사람들이 없을지라도, 자기에게 권력을 집중시킬 만큼 충분히 강한 자는 누구든지 책임을 받아들여야 한다. 분명히 지배에 필요한 속성을 지닌 기존 집단이 없다면, 상대방을 지배하기에 충분한 힘을 지닌 지도자가 최상의 후보다. 그런 각본에서는 실제로 다른 선택지가 거의 없으면 모든 참가자를 패퇴시키는 자가 누구든 시민들이 자신의 자유를 독재자에게 양도하는 것이 완벽하게 합리적이다. 그런 상태는 거스르는 것이 아니라 사물을 조직하는 완벽히 자유롭고 적절한 방식이다.

　루소는 이런 관념에 잠시도 고뇌하지 않는다. 루소는 어느 누구도, 심지어 가장 힘센 통치자조차 언제나 힘으로 통치할 수는 없다고 인정하며 시작한다. 통치자가 반란을 진압하기 위해 다른 방법을 취할 시간이 없다면 최소한 자기 신민들로부터 어느 정도 동의를 받을 필요가 있다. 이것은 적어도 일정 시간 그들 일부의 순응을 얻는 것을 의미하며 힘의 지배는 일상의 사실로 받아들여질 뿐 아니라 그럭저럭 정당화된다. 그렇지만 루소에게는 최강자에게 지배할 '권리'가 있을 수 있다는 개념이 터무니없다. 이런 권리에 무엇이 존재하는가? 최강자의 지배라는 개념 자체가 권리의 개념에 반한다. 통치자가 어떤 지점에서 자기 신민들을 통제할 능력을 잃는다고 상정하면 그들은 통치자를 성공적으로 끌어내린다. 통치자는 더 이상 자기 의지를 힘으로 부과할 수 없으므로 최강자의 권리에 호소할 수 없다. 그 지위를 성공적으로 빼앗은 자는 누구나 그런 '권리'를 끌어낼 수 있지만, 이제 더욱 강력하다는 사실상의 지위를 주장할 수 있는 다른 방안은 없다. 다른 말로 최강자의 '권리'는 그 사건 이후 자기 행위를 정당화하는 권력을 실제로 취한 사람들을 위한 다른 방안과 같다. 해석상의 힘이나 도덕적인 힘, 즉 '힘이 권리를 만든다'는 지침은 그런 규칙이 합법적이거나 정의롭다고 시민들을 설득하는 데 아무런 힘을 갖지 못한다. 개인은 자기보다 강자인 누군가의 지배를 어쩔 수 없이 필연적으로 수용할지 모르지만, 이성적으로 그렇게 하도록 결코 강요당하지 않는다. 루소가 말하듯이, 무장 강도가 협박하면 살기 위해 자기 소유물을 넘겨줄 수 있지만, 그 소유물을 숨길 수 있으면 모든 수단을 시도할 정당성을 지닌다.

　이 점이 중요하다. 루소의 유일한 관심사는 정당한 사회질서를 어떻게 확립하느냐이기 때문이다. 루소는 근본적으로 물질적, 기술적 진보와 같은 다른 성공의 기준에 관심을 갖지 않는다. 만약 그랬다면 아마도 최강자의 지배에 호소했을지 모른다. 어떤 중요한 사회적 목표를 달성하는 철권이 필요하고 적어도 일시적으로 정통성 문제가 더욱 중요

한 것으로 보일 수 있는 상황을 상상하는 것도 가능하다. 최근의 역사
에서 스탈린처럼 괴물 같은 독재자만이 2차 세계대전의 침략에서 자기
나라를 성공적으로 수호하고 그처럼 광대하고 이질적인 나라를 산업화
시대로 이끌어갈 수 있었다고 주장할지도 모른다. 그런 환경에서 어떤
종류의 정통성에 의존하는 사회질서는 생존할 수 없었을지 모른다. 따
라서 적어도 최강자의 지배가 정당화되고 시민들이 그 지배를 합리적
으로 받아들일 수 있는 경우를 둘러싼 논쟁의 여지는 있다. 그러나 루
소에게 이것은 초점을 벗어난다. 언제나 최강자만의 지배, 곧 아무도
지배하지 않는 것에 어떤 장점이 있을 수 있다. 실제로 어떤 통치체제
든 완전한 무정부 상태를 능가하는 장점을 가질 가능성이 있다(심지어
루소는 희귀 자원에 대한 경쟁이 선량한 자연상태를 뒤에서 보게 될 난
투극으로 변하게 할 가능성이 있다고 생각했다). 그러나 앞에서 본 것
처럼, 기술과 학문 그리고 과학의 발달이나 물질적 번영은 루소에게 부
수적으로 중요할 뿐이다. 루소는 인간의 평등과 자유를 보호하는 사회
적 방안을 우선적으로 추구한다. 따라서 최강자의 지배가 실질적인 혜
택을 제공할지라도 루소의 탐구 목표인 정당한 사회의 기반이 될 수는
없다.

노예제(4)

자연의 권위와 최강자의 지배에 관한 관념을 정리한 뒤에 루소는 정당
한 사회의 유일한 토대는 계약, 곧 모두가 동의하는 규칙 아래에서 살
아가는 모든 성원 사이의 협약에 근거한 사회라고 결론 내린다.

　뒤에 나오는 장에서 루소가 느끼기에 최선의 정치질서를 생성하는
계약의 정확한 형태를 약술할 것이다. 그러나 루소는 그 이전에 대안적
인 견해를 처리하지 않으면 안 된다고 느낀다. "인민은 자신을 군주에

게 내어줄 수 있다."고 주장한 그로티우스로부터 다시 한번 토론의 영감이 나온다. 다시 말해 계약은 인민이 자기를 지배할 어떤 개인에게 자기 자유를 양도하기로 결정하는 형태를 취할 수 있다. 루소는 아마도 이런 계약의 가장 극단적인 본보기가 노예제라고 생각하는 듯하다. 루소는 이런 종류의 계약이 이미 논의된 것보다 더욱 만족스러운 사회의 기초를 제공하는지를 고려함으로써 이 장을 시작한다. 또한 루소는 약간 다른 사례로 경쟁 국가 사이에 전쟁의 결과로 어떤 인민을 노예화하는 것이 정당화될 수 있는지를 논의한다. 두 질문에 대한 답변이 부정적인 것은 놀랍지 않다. 그러나 루소가 제시하는 몇몇 원인은 우리가 이미 다룬 심리적 배경을 좀 더 확대한다.

루소는 누군가 자신의 자유를 다른 혜택(안전 혹은 물질적 복지)과 교환하여 타인에게 파는 게 어떤 의미를 갖는지를 물음으로써 출발한다. 어떤 개인이 재난을 당해 자신의 모든 소유물을 잃었다고 가정해보라. 그는 식량과 피난처를 확보하기 위해 자기에게 남겨진 유일한 것을 타인에게 팔 수 있을지 모른다. 그렇지 않으면 보호와 소유를 자유와 교환하는 것이 더욱 일반적이다. 루소는 이 가운데 어느 것도 취하지 않는다. 그가 주로 반대하는 것은 무엇이 포기된다는 개념이다. 사람은 어떤 의미에서 특유한 도덕적 실체로서 존재하기를 그만두지 않고는 바로 이런 본질, 곧 자유를 포기할 수 없다. 그런 경우에는 계약 자체를 뒷받침하는 인간의 특성에서 자아를 소외시키다 적절히 이해하자면, 두 인민 사이에서 협의가 중단되고 순수한 힘의 관계가 정립된다. 이렇게 이해하면 계약의 발생이 자발적이었을지라도, 그것은 최강자의 권리와 전혀 다르지 않다. 최강자의 지배와 마찬가지로 노예제도 어떤 사례에서는 일부 물질적 혜택을 가져올 수 있지만, 진정으로 계약에 토대를 두었는지는 검증되지 않는다. 진정한 계약에 토대를 두려면 양 당사자가 어떤 의미에서 동등한 도덕 수준을 지닌 개인들로서 함께해야 하기 때문이다.

루소는 인간 본성에 기초한 이런 주장에 덧붙여 노예제에 더욱 실질적인 반대를 한다. 루소는 개인이나 인민이 자신의 자유를 안전과 같은 다른 혜택과 교환한다는 그로티우스의 생각을 고찰한다. 루소에게 이런 교환의 결과로 대두되는 전제주의는 노예가 본래 피하길 원했던 불안한 상태와 똑같이 나쁘다. 통치자가 일단 자기 신민에 대한 절대 권리를 획득하고 나면 피통치자의 최종 상태가 그들이 피하려고 했던 상태보다 더 나쁘지 않으리라는 보장이 없다. 실제로 역사는 최종 상태가 몹시 비참하다는 것을 보여준다. 덧붙여 전체 인민이 자기를 노예제에 넘긴다는 생각은 그 자체로 문제점을 지닌다. 그런 노예의 자녀가 성인이 되면 무슨 일이 일어나는가? 그들은 그 계약을 재협상해야 할까? 그렇다면 피통치자는 끊임없이 새로운 계약을 요구할 것이므로 어떤 통치자가 자기 신민에 대해 절대 권력을 획득한다는 관념이 훼손된다. 통치자가 노예의 자녀는 원초적 계약 조건에 구속된다고 주장하면 이것은 순수하고 자발적인 계약이라는 명분을 해소한다. 요컨대 순수하게 계약에서 유래한 노예제에 기반한 사회질서를 창출하는 것은 불가능하다. 계약이 무효이고 그 계약이 최강자에 의해 좌우되는 경우 노예제가 실재하거나, 노예들이 당사자에 포함될 수 없는 경우에 계약이 실재하기도 한다.

루소도 승리한 군대가 정복민을 노예화하는 것이 정당할 수 있다는 생각을 논의한다. 심지어 노예제에 관한 앞선 설명보다 직관적으로 훨씬 더 받아들여질 수 없음에도 루소가 이것에 오랜 숙고의 시간을 보낸 것이 약간 당황스럽다. 그러나 루소가 집필하던 시기에는 (부분적으로 우리의 친구 그로티우스 덕분에) 적군을 살려주고 노예화하는 것이 정당하다는 생각은 확실히 오늘날 우리에게 충격을 주는 것만큼 이상하지 않았다. 그래서 루소는 전쟁이 개인 사이의 문제라기보다는 오히려 국가의 영역이며 국가들에 적용되는 만큼 전쟁의 규칙도 힘에 토대하고 있음을 입증하는 데 주의를 기울인다. 전쟁의 규칙은 무기를 내려놓은 적군은 죽이지 말 것을 요구한다. 그래서 자유와 생명을 교환하는 것은 합법적 거래가 아니다. 승자는 패자에게 그런 거래를 강제할 권리가 없기 때문이다. 이런 원칙이 침해되면, 노예제 강요는 단지 최강자의 권리를 다시 한번 되풀이하는 것일 뿐이다. 이것이 옳은 것은 확실하다. 설령 전쟁 행위가 언제나 국가의 문제이거나 국가와 관련된 것이라는 루소의 주장을 애매하게 느끼는 사람일지라도 승리한 군대가 행하는 강제 노예화는 이미 앞에서 고찰하고 부인한 '힘이 정의'의 가장 악랄한 본보기와 다르다고 주장하기 어려울 것 같다.

그다음에 루소는 1권 5장의 끝에서 전능한 권위의 (비)자발적인 양도에 기초한 사회질서에 반대하는 설득력 있는 주장을 전개한다. 이 장에서 표현된 정당한 사회질서는 대등한 도덕적 지위와 의미를 지닌 개인들로 구성될 것이라는 강력한 사상 가운데 하나는 뒤에서 전개될 것이다. 그렇지만 설령 노예제를 받아들일 수 없다는 루소의 주장에 쉽게 동의할지라도 어떤 사회가 자기 이익을 위한 계약에서 중요한 자유를 넘겨줄 수 있다는 사상의 좀 더 합리적인 해석을 루소가 생각했는지에 대해 약간 의심할 수도 있다. 이런 논의의 출발에서 루소의 약간 오만한 부인에도 불구하고 그의 평판이 때때로 연상시키는 것보다 더욱 미묘한 권위주의적 입장에서 논의를 풀어가는 홉스의 견해가 그런 본보기다.

앞에서 간략히 지적했듯이, 홉스의 견해에 따르면 자연상태는 가혹한 곳이다. 충분히 강력한 중앙 권위에 의해 조심스럽게 다뤄지지 않으면 천연자원의 희소성과 불확실함은 물질적 진보나 정신적 복지의 지속적인 전망을 파괴하는 갈등을 끊임없이 촉진한다. 따라서 루소는 자기 일을 좀 더 공정하고 예측 가능하게 처리하기 위해서 자기 자유의 상당 부분을 강력한 주권에 양도하는 것이 인민에게 이익이 된다고 주장한다. 인민은 일부 자유를 내놓는 대신 모두에게 혜택이 되는 합법적인 사업에 착수할 시민의 평화를 얻는다. 루소의 설명에 있는 것처럼 인민이 제각기 강력한 주권에 권리를 양도하는 계약을 맺는 것이다. 즉 인민은 전반적으로 더욱 혜택이 있는 사회 환경을 위해 아무 제한 없이 행동할 수 있는 권한을 내놓기로 결정한다. 이와 관련된 홉스의 설명에서 주권은 언론과 군 및 입법에 대한 통제와 같은 권력의 인상적인 범위를 포함한다. (홉스의 관점에서 주권은 전반적으로 호의적인 방식으로 행동할 강력한 동기를 갖지만) 심지어 주권이 억압적이고 잔혹할지라도 그런 권위의 주체는 법적으로 자신의 정부 형태를 변경하지 않는다.

> 국가(commonwealth)는 다수의 사람들이 합의하고 계약을 맺을 때, 각자가 서로서로 평화롭게 살고 다른 사람들로부터 보호받으려고 그들 모두의 인격을 표현할(곧 대표할) 권리(…) 이런 국가의 설립으로부터 모든 권리가 나오고, 집합된 인민의 동의로 주권이 주어진 그 사람 혹은 그들의 능력이 유래한다. (…) 주권자 측면에서 계약의 침해는 있을 수 없으므로 그의 신민 어느 누구도 계약의 파기를 구실로 복종에서 벗어날 수 없다.[5]

홉스의 설명을 자세히 살펴볼 필요는 없다. 그저 그의 설명을 통해

---

5 Hobbes, *Leviathan*, Chapter XVIII(pp. 121–122).

개인의 자유를 강력한 권위에 넘기되, 노골적인 노예제에는 미치지 못하는 어떤 계약 형태가 있을 수 있다는 점만 기억하면 된다. 그런 설명이 가능하다면 특히 노예는 계약 당사자가 될 수 없다는 관념에 의존하는 사람들은 루소의 일부 반론을 피하게 될 것이다. 영주에 대한 농민들의 충성심과 외침에서 농민들을 보호하는 영주의 능력 사이에 뚜렷한 연계가 있는 봉건 시대의 모델 역시 마찬가지다. 홉스 자신은 영국의 내전 사례에서 크게 영향을 받았다. 홉스는 몹시 강력한 군주제를 혼란과 분쟁에 대한 대안으로 선호한 것으로 보인다. 설령 그런 견해가 권위주의적일지라도 노예제에 대한 처방으로서 분명하고 불가피한 것이 아님은 확실하다.

따라서 이미 발표된 자신의 이론에 대한 대안들을 다룰 때, 루소는 '허수아비'의 오류, 즉 받아들이기 어려운 경쟁 이론을 정립하고 자신의 설명이 우월해 보이도록 더 좋은 견해를 무시한 책임이 있는가? 어느 정도는 그렇다. 루소가 대안적인 정치이론의 약점을 열거하는 목적이 자기 이론을 제외한 다른 모든 가능성을 제거하는 것이라면 그는 빈틈을 남겨놓았다. 그러나 아마도 반대의 결과를 초래하는 『사회계약론』과 같은 비교적 간략한 저작에서 권위주의적이거나 비계약적인 정치이론의 모든 변용 가능성을 부인하기는 대단히 어려울 것이다. 결국 어떤 것을 부족함으로 해결하기 위해 정치 모델의 결함을 열거하는 것에는 한계가 있다.

따라서 약간 양보하여 다음과 같은 관점에서 루소의 전략을 검토할 것이다. 즉 『사회계약론』의 앞부분에서 루소는 (적어도 자기 시대의) 몇몇 영향력 있는 사회조직 이론을 고찰하고 부인하는 방식으로 남아 있는 가능성에 한계를 두었다. 루소는 이런 이론들의 침투를 모두 막지는 못했지만, 두 가지 핵심 개념, 곧 정당한 사회는 어떤 형태의 계약에

기초하고 계약 참여자가 순수한 동반자로 간주되면 자유의 질이 본질
적이라는 주장의 수용 가능성을 높이기 위해 그런 이론들의 부인을 활
용했다. 이어지는 세 개의 장에서 이런 개념은 상당히 구체적인 형태로
주어진다. 뒤에서 보게 되듯이 여기서 간략히 살펴본 것과 같은 홉스
유형의 사회는 다른 사람을 위해 개인의 자유에 대한 어떤 축소도 거
부하므로 루소의 설명과 양립 불가능하게 될 것이다. 이런 급진적 사
상이 어떻게 전개되는지를 알려면 경쟁 상대인 정치철학자들에 대한
루소의 부정적 견해로부터 자신의 긍정적인 전개로 시선을 돌려야만
할 것이다.

사회적 협약(5-6)

5장과 6장에서 루소는 정당하고 합법적인 사회에 대한 자신의 통찰을
매우 집약된 방식으로 약술한다. 주된 사상이 종종 커다란 수사학적인
힘과 더불어 전형적으로 매우 빠르게 소개된다. 이런 접근 방식의 장점
은 시간 여유가 없을 때 루소가 자기 정치 모델을 상당 부분 개관해내
며, 독자는 루소의 전체 구상에 대한 인상을 확보할 수 있다는 것이다.
단점은 루소가 사용하는 일부 핵심 개념이 여전히 미흡하게 전개된다
는 것이다. 실제로 몇몇 핵심 개념은 『사회계약론』의 몇몇 장에 걸쳐
단편적인 방식으로 설명될 뿐이다. 따라서 이 두 장을 읽을 때에는 핵
심 사상이 뒤에서 전개되고, 몇몇 혼란스러운 루소의 설명 역시 뒤에서
더욱 상세히 다뤄짐을 명심해야 한다.

　루소는 서두에서 다시 한번 최초의 계약에 대한 필요성을 언급한다.
루소는 일찍이 주인과 노예 사이 힘의 균형에 대해 펼쳤던 주장을 발전
시켜서 그런 불평등 관계는 공허하고 무의미하다고 주장한다. 만약 사
회질서의 토대가 힘으로부터 유래한다면 피지배자와 지배자 사이에는

합리적 의무에 대한 아무런 적절한 유대가 없다. 그런 국가의 인민은 자기 주인의 법에 강제로 복종하게 될 것이지만, 협약에 대한 어떤 합법적인 토대가 없으므로 그 결과로 야기된 상황은 '정치결사'라는 용어에 부합되지 않는다. 힘의 유대가 죽음이나 반란을 통해서 어느 지점에서 와해되면 제도 자체에 아무것도 남지 않을 것이다. 그로티우스와 단절하는 (이제) 마지막 시도로서 루소는 자기를 군주에게 넘기는 인민의 행위가 근본적인 정치결사의 사례를 만든다는 관념을 공격한다. 만약 '인민'이 그런 방식으로 자기 자유를 어떤 개인에게 양도하기로 한다면 이미 어떤 형태의 정치 집단으로 함께해야 하며, 그보다 앞선 종류의 구속력 있는 협약을 전제로 포함시켜야 한다. 다시 말해 사회질서를 형성하는 계약이 이미 존재하며, 군주의 현존은 그 정치질서에 수반된 (달갑지 않은) 특징이다.

우선순위에 관한 주장은 아마 별로 중요하지 않으며 실제로 루소가 뒤에서 말하는 것들과 어울리지 않게 배치된다. 어떤 사람들이 사회계약에 착수할 수 있는 중요한 수단에 관한 실질적인 쟁점이 있지만, 뒤에서 좀 더 자세히 보게 될 것이다. 여기서 중요한 것은 루소에게는 질서가 자리 잡힌 사회에서 그 계약이 가장 중요한 요소라는 점이다. 이런 접근만이 그 결과로 생기는 공동체가 인간 잠재력의 풍요와 자유를 배양할 것이라는 약속으로 이어진다. 그러나 앞에서 보았듯이 루소의 관점에서 모순되거나 수용되지 않는 잠재적인 계약이 있다. 루소 자신이 설명하는 특징은 무엇인가?

루소는 사람들을 자연상태에서 벗어나게 만드는 상황을 환기함으로써 시작한다. 인간 역사의 어떤 순간에 인류의 보존에 엄청난 장애물이 나타나서 사람들을 훨씬 더 큰 숫자로 뭉치게 하는 물질적이고 신중한 요인이 된다. 루소는 이런 장애물이 무엇인지 자세히 언급하지 않지만

홉스의 설명에 따르면 자원의 희소성이나 자연 재난의 위협과 같은 것
을 의미한다고 가정할 수 있다. 사람들의 집단은 그런 도전에 대응하는
데 실질적인 능력을 결합함으로써 고립된 개인들보다 더욱 효율적이
다. 실제로 자연 세계가 부과하는 위협이 현저하고 치명적이므로, 아마
도 이런 종류의 응집은 인류의 생존에 필수적이다(더 나아가 이 구절
은 루소가 인류의 심리적 안녕에 대한 유익한 효과에도 불구하고 자연
상태로의 복귀가 불가능하다고 생각한 증거다). 그러나 앞에서 보았듯
이 그런 장면에서는 재난 가능성이 높다. 자기 자신의 이익을 지키려는
인간의 자연적 성향은 분명한 균열의 가능성을 나타낸다. 특히 필수적
인 자원이 희박하고 집단 행위의 규율이 약하면 개인의 생계를 유지하
려는 다양한 동기가 충돌하게 될 것이다. 최악의 경우 사태는 위험한
자연상태 자체보다도 더 나쁜 상황, 곧 야수적 무정부 상태나 이미 거
부된 압제적 권위의 부과로 전락한다. 필요한 것은 사람들의 자유와 복
지를 보전하면서도 성원의 안전과 이익을 보장하는 조직 형태다. 루소
가 제안하듯이, 그 질문은 이렇다.

> 모두의 집단적 힘으로 각 성원의 신체와 재산을 보호하는 결사 형태, 그 아
> 래에 각 개인이 다른 사람들과 결합되어 있으면서도 자기를 제외한 누구에
> 게도 복종하지 않으며 여전히 자유롭게 남아 있는 결사 형태를 발견하는 방
> 법.(SC, I, 6)

어려워 보이는 과업이지만 루소는 자기가 해답을 가지고 있다고 느
낀다. 루소는 나아가 그가 구상하는 사회계약의 본성은 그 혜택과 의
무가 모두에게 분명하리라고 주장한다. 만약 그 계약 조건이 최소한이
라도 침해되면 계약이 무효화되고 사람들은 곧장 예전 체제로 되돌아

간다.

　그다음에 루소의 핵심 사상이 밝혀진다.

　올바로 이해하면 이 조항들은 단 하나, 곧 성원 각자가 전체 공동체에 자기의 모든 권리를 전적으로 양도하는 것으로 귀착될 수 있다. 따라서 (…) 각 개인이 자기를 전적으로 양도하는 것과 마찬가지로 조건은 모두에게 동등하며, 모두에게 동등하다는 이유로 어느 누구도 타인에게 지나친 부담을 주는 데 관심이 없다.(SC, I, 6)

　얼핏 보면 이런 '해법'은 아주 이상해 보인다. 모두가 자신의 모든 권리를 양도하는 사회 모델이 어떻게 성원을 '예전과 같이 자유로운' 존재가 되게 할 수 있는가? 이것은 노예제에 토대를 둔 사회만큼 극악무도한 것 같지 않은가? 실제로 루소에 대한 몇몇 비판자들은 그렇게 생각했다. 그러나 그런 결론으로 도약하기 전, 이런 설명과 앞서의 논의 사이에 어떤 차이가 있는지 주의를 기울일 필요가 있다.

　첫 번째 요지는 주인과 노예 간의 사례처럼 개인은 자기 자유를 타인에게 양도하지 않는다는 점이다. 루소의 국가에서 잠재적인 시민은 자기 자유를 전체 공동체에 양도한다. 그들이 어떤 역할을 수행하든지 그 공동체의 어떤 성원도 다른 사람보다 자유를 더 크게 보유하지 않는다. 두 번째, 각자는 공동체에서 똑같은 희생을 한다. 누구도 다른 사람보다 더 큰 수준의 자유를 보유하지 않으므로 자유에 관한 한, 승자도 패자도 없다. 각자가 자기의 모든 권리를 상실하므로 모두가 동일한 수준에 있고 아무도 부담스럽거나 불공정한 법률과 규정을 제안할 어떤 이유도 없다. 따라서 공동체는 루소가 그토록 반대한 전제정으로 전락하는 것을 막아줄 보호 수단을 갖는다.

이것이 루소의 정치질서의 핵심 출발점이다. 곧바로 더 많은 질문을 묻고 싶을 것 같다. 이런 계약의 합의는 정확히 어떻게 작동하는가? 만약 각자가 자기의 모든 권리를 다른 모두에게 넘긴다면 어떻게 의미 있는 자유를 보장할 수 있는가? 다음 몇 장에 걸쳐서 루소는 두 질문에 대한 답변을 시도한다. 그러나 루소는 처음부터 일부 개념 문제에 직면한다. 일찍이 루소는 한 편이 모든 자유를 잃고 다른 편이 자유를 얻는, 두 당사자 간의 계약은 절대 계약이 아니라고 했다. 즉 적절한 협약이 되려면 양 당사자가 전적으로 완전한 도덕적 인격을 유지해야 한다. 이런 상황은 어떻게 다른가? 후자의 경우에 개인이 다른 개인보다는 오히려 추상적인 전체(공동체)와 계약을 맺는다는 주장과 별개로 그것에 서명한 모든 사람이 자기 권리와 특권 전체를 상실하기 때문에 앞선 사례와 마찬가지로 계약 조건은 무효인 것처럼 보인다. 사실상 루소가 후에 주장하듯이 그의 계약 형태는 실제로 외관에도 불구하고 공동체의 모든 성원이 자기 자유를 증대시키는 것으로 귀결된다. 그 이유는 상당히 복잡할 뿐만 아니라 최상의 종류에 속하는 루소의 자유 개념에 대한 이해에 기반한다. 우리는 이것을 뒤에 시민 사회의 혜택에 대한 논의에서 살펴볼 것이다. 그다음으로 살펴볼 것은 루소가 이런 반론에 민감히 반응하며, 그의 전체 이론이 펼쳐지면 사람들이 자기의 모든 개인적 자유를 포기함으로써 더욱 자유로워진다는 말의 의미가 분명해질 것임을 믿는다는 점이다.

한편 루소는 자신의 공동체에 대한 비전이 실제로 전체에게 권리와 특권의 완전한 포기를 수반한다는 것을 강조하는 데 상당 시간을 소비한다. 여기에 어떤 예외나 정상 참작의 조건도 없다. 즉 개인이 일단 '사회계약'에 참여한 이상 거기에 전적으로 구속된다. 결국 개인에게 결정권이 남아 있다면, 각자는 자연스럽게 자기 이웃보다 더 많은 축적을 시도하며, 포악한 사회의 파괴적인 경쟁과 후견이 거듭 영향을 미칠 것이다. 그러나 참여자들은 이런 절대적인 연합 조건에 경각심을 느끼지 않을 것이다. 그들은 자기 권리를 어떤 개인에게 주지 않으므로 자신이 어느 누구에게 학대받으리라고 두려워할 필요가 없다. 루소의 공식에 따르면 자기를 모든 사람에게 줌으로써 아무에게도 내어주지 않게 된다. 다른 모든 사람도 같은 상황이므로 공동체를 억압적 국가로 전환하는 데 아무도 관심을 갖지 않는다. 만약 관심을 갖는다면 그들 자신이 전제주의에 굴복하게 될 것이다.

이 국면에서 루소의 급진 모델이 현실화될 수 있다면 그 모델은 그가 고찰하고 거부한 다른 사회의 현저히 부정적인 특징을 회피하는 것이 명백하다. 현재 그려낸 피상적인 형태에서 독재자 개인이 통제할 공간이 거의 없음이 이미 분명하다. 권리와 자유에서 공동체의 성원들 사이에 차별이 없으므로 독재자가 권위를 주장할 자연적 발판이 없다. 모든 개인의 권리가 똑같은 상황에서 그 모델이 현실화될 수 있다면 루소가 그토록 혐오한 파당과 후견은 거의 출현할 수 없다. 그런 근본 계약이 어떻게 작동되는지에 관한 생각이 있었든 없었든 일단 그 모델이 실현되면 루소가 기대한 결과를 낳을 것이다. 그러므로 다음 장에서 루소가 그 모델을 전개하듯이, 두 가지 척도를 염두에 두는 것이 유용하다.

1. 이 모델은 일관성이 있고 개념적으로 적합한가? 핵심 사상이 모호함이나 모순 없이 명백히 표현될 수 있는가?
2. 만약 그렇다면 그런 사회의 실질적인 결과는 무엇이 되는가? 가장 중요하게 그것은 실제로 루소가 바라는 혜택, 곧 모든 사람의 자유와 인간 잠재력의 발현을 가능하게 하는가?

두 가지 척도의 충족이 의심스러운 수많은 쟁점이 있음을 보게 될 것이다. 그러나 그것이 얼마나 타당한지에 대한 평가로 돌아가기 전, 루소 제안의 골격에 살을 붙일 약간의 여유를 주어야만 한다.

주권자(7)

루소는 약간 혼란스러운 일련의 특징과 개념 정의와 더불어 사회계약의 도입을 제창한다. 가장 중요한 두 가지는 그가 사용한 용어, 곧 국가와 주권자로서 루소의 공동체가 실제로 자체 규제하길 원하는 방법을 이해하는 데 필수적이다. 지금까지 알려진 것은, 전체적으로 보건대 루소 공동체의 기원은 각자가 나머지에게 자기 권리를 양도하는 협약이라는 것뿐이다. 일단 이것이 발생하면 어떤 결정이 이뤄지느냐의 문제가 곧바로 제기된다. 아무도 책임지지 않는 것이 명백하며, 자연 세계의 분명한 위협과 도전에 부딪히면 훌륭한 정책과 규칙을 제정하는 어떤 방식이 있음에 틀림없다. 공동체의 모든 사람이 그 결정을 내린다는 루소의 답변은 논리적으로 타당하다. 공동체의 결정은 모두에 의해서 이뤄졌으므로 모두를 구속한다. 따라서 각자는 곧바로 (ㄱ) 공동체의 법에 복종하고 (ㄴ) 그 법의 창조자가 된다. 루소는 '국가'라는 용어를 사용할 때 공동체의 첫 번째 조건, 곧 법에 복종하는 총체로서의 수동적인 역할을 언급한다. 루소가 '주권자'라는 용어를 사용할 때는 두 번째 조건, 곧 공동체에서 의사를 결정하는 주체로서의 능동적인 역할을 의미한다.

> 말하자면 자기 자신과 계약을 하는 각자는 자기가 첫째, 개인들과 연관해서 주권체의 한 성원으로서, 둘째, 주권자와 연관해서 국가의 한 성원으로서 이중으로 결부되어 있음을 알게 된다.(SC, I, 7)

　루소는 상당한 시간을 할애하여 그런 체제의 장점을 설명한다. 루소에 따르면 주권은 두 가지 주된 이유 때문에 모든 사람에게 이로운 정책을 추구할 수밖에 없다. 첫째, 주권은 그 존재를 모든 성원이 동일한 몫을 지닌 사회계약에 의존한다. 공동체 안에 있는 어떤 개인의 지위를 침해하는 것은 계약을 침해하는 것이므로 주권 자체를 와해시킨다. 주권자가 행동할 때는 그 권력이 유래한 계약을 따라야 한다. 둘째, 주권자는 공동체의 모든 성원으로 이루어졌으므로 그들을 해칠 어떤 동기도 없을 것이다. 루소는 공통된 정치적 추론을 사용하여 어떤 조직체가 모든 성원을 해치는 것이 불가능함을 지적한다.

　따라서 노골적으로 진술되었지만, 그 모두가 사실이기에는 지나치게 좋아 보일 수 있다. 모든 성원의 회의로 결정이 이뤄지는 공동체를 상상하는 것은 확실히 가능하다. 그러나 인간적 오류와 도덕적 실패가 뒤따르면 곧바로 파당적 이익이나 계층으로 추락할 것이라고 분명히 주장할 수 있다. 설령 결정이 이뤄지는 과정에서 모든 사람이 동등한 몫을 갖더라도 무엇이 다수가 함께하는 그 진행의 지배를 멈출 수 있는가? 아니면 자기 자신의 사적 이익이 다른 모든 사람의 안녕보다 더 중요하다고 결심하는 개인들은 어떤가? 여기에 분명한 난점이 있으며, 루소는 그것을 전적으로 인식하고 있다. 주권이 다수 파당에 의해 지배되는 첫 번째 문제에 대한 루소의 답변은 『사회계약론』의 다음 부분(SC, II, 2-3)에서 다뤄지며, 그 뒤에 약간 놀랄 만한 루소 견해의 함축에 대해 논의할 것이다. 그러나 스스로 단언하는 개인적 선호의 쟁점이 즉시 제기되며 이런 쟁점을 어떻게 다룰지를 고려하여 루소는 자신의 가장 중요하고 어려운 개념 가운데 하나를 도입한다.

　루소는 누구나 자연스럽게 사적 이익을 갖고 이것이 일반 이익에 부합하리라는 아무런 보장이 없음을 인식하는 데서 논의를 시작한다. 실제로 어떤 거대한 규칙으로 그렇게 하는 것 같지 않다. 공동체의 다른 사람들의 이익에 반하는 일련의 행위를 추구함으로써 적어도 일시적으로 개인이 더 형편이 좋아질 많은 경우가 있을 것이다. 경제학에서 그런 상황은 종종 공유지의 비극(tragedy of the commons)으로 언급되어 자원이 공통으로 주어지는 곳에서 개인은 자신의 정당한 몫보다 많은 자원을 획득하려는 동기를 언제나 갖는다고 설명된다. 설령 그 결과가 장기적으로 모든 사람에게 자원의 부족을 가져올지라도 말이다. 루소 역시 각 개인이 국가의 시민인 한, '일반의지'를 갖는다고 주장한다. 일반의지라는 개념은 설령 그것이 전체의 일관성에 필수적일지라도 『사회계약론』 전체에서 가장 혼란스러운 사상 가운데 하나다. 『사회계약론』에서 그 개념이 포괄적으로 설명되는 부분이 하나도 없는 것은 좌절스럽다. 그러나 2권에서 일반의지가 어떤 종류의 것이며 주권자의 행위 규제로서 어떻게 기능하는지를 뒷받침하는 훨씬 더 많은 논의가 나온다. 이제 일반의지에 대한 임시적인 정의를 받아들일 수 있다. 즉 개인에 적용되는 한, 일반의지는 개인 자체의 이익에 반하여 전체 공동체의 이익에 따라 행동하는 동기다. 그래서 주권자의 모든 성원이 틀림없이 자기의 사적 욕망과 필요를 지닐지라도 거기에는 반드시 따라야 할 객관적인 일반의지도 있다고 주장된다. 모든 사람이 이렇게 한다면 주권자는 언제나 정의롭고 공평무사한 방식으로 공동체를 다스릴 것이다.

모두의 이익을 위해 행동하는 조화로운 주권자의 비전이 더 일찍 실현되기에는 너무 좋다면 이런 초기 반응은 상황을 훨씬 더 개선해줄 것 같지 않다. 개인이 소유하고 인식할 수 있는 '일반의지'라고 불리는 것이 있으며 주권자가 그것에 일치하게 행동하면 모든 일이 잘되리라고 여겨졌다. 그것은 여전히 매우 사변적이고 약간 낙관적으로 보일 수 있다. 실제로 앞으로 보게 되듯이 루소는 주권자가 전체 공동체의 이익을 위해 단일체로서 행위하고 일반의지의 활동에 관해 훨씬 더 많이 말하도록 압박을 받는다고 주장하는 몇 가지 이유를 든다. 우리는 다시 2권에서 약간 더 분명해진 이유를 보게 될 것이다. 그러나 지금까지 일반의지와 그 작용에 대한 가장 피상적인 지식과 함께 본래의 목적은 여전히 남아 있다. 즉 일반의지와 그것에 반하는 행위의 결과에도 불구하고 심지어 주권자의 적극적인 역할을 구성할 때조차 개인이 여전히 사적 이익을 추구하는 경향이 있으면 어떤 일이 일어나는가?

여기서 루소는 그의 가장 불명예스러운 주장 가운데 하나를 한다. 루소는 개인이 일반의지에 반하는 일련의 행위를 고집하면 나머지 주권자 전체에 의해서 행동을 같이하도록 강제될 것이라고 곧바로 주장한다. 루소 자신의 약간 냉랭한 공식에 따라 복종을 거부하는 자는 '자유롭게 되도록 강제될' 것이라고 단언한다. 사실 이것은 전체 공동체의 결정에 일치하는 행동을 하도록 강요받는 것을 의미한다. 이것이 루소의 본래 목표, 곧 개인이 자연상태에서 누리는 정도의 자유를 주는 동시에 안전까지 제공하는 정치결사 형태를 제안하는 것과 무슨 관련이 있는지는 알기 어렵다. 지금까지의 논의를 보면 아무것도 성취되지 않았고, 루소는 모두가 자기 권리를 모호하고 막연한 '일반의지'에 위임하는 전적인 노예공동체, 그 토대마저 여전히 매우 불명확한 노예공동체를 창출한 것으로만 보일지 모른다. 이런 공동체는 적어도 어떤 인민이 자신의 최대 이익을 위해 자기 행동의 자유를 계속 유지한다는 시나리오에서 자연의 권위 혹은 최강자의 힘에 토대를 둔 사회보다 훨씬 더 나쁘게 보일 것이다. 만약 루소의 설명이 우리에게 모두 정합성 있고 신뢰할 만한 것으로 느껴진다면, 틀림없이 일반의지의 작동에 관해 훨씬 더 많이 알고 싶을 것이다. 그 외에 루소가 자신의 체계가 자유와 인

간의 번영을 보장하는 목표를 충족한다고 확신하면 우리는 주권자의
의지와 일치하도록 '강제로' 행동하는 것이 그 목표에 어떻게 기여할
수 있는지에 관해 더 많이 듣고 싶을 것이다.

　다행스럽게도 루소는 각 쟁점에 대해 더 많은 말을 한다. 2권의 첫
번째 장은 일반의지에 대해, 또 그것이 어떻게 발견되고 움직여지는지
에 대해 더욱 자세히 설명한다. 그러나 루소는 우선 이제 보게 될 그의
독특한 자유 개념을 논의하는 데 약간의 시간을 쓴다.

참된 자유(8)

루소는 자신이 제시하는 방식으로 사물이 자리 잡히면 자연상태로부터
문명사회로의 이행은 불완전하게 구성된 정치체제에 관한 앞선 논의에
서 윤곽이 그려진 것과 정반대의 효과를 지니게 된다고 주장한다. 문명
사회는 인민의 고유한 선함을 타락시키는 대신에 최상의 인간 자질을
증대시키고 시민들이 더 큰 도덕적 목적에 따라 의미 있는 생활을 살아
갈 수 있게 한다. 루소에게 그 변화는 대단히 심오하다. 즉 단순한 본능
과 좁은 시야에서 벗어난 시민은 의무와 책임과 같은 더 높은 개념에
따라 행동할 수 있다. 이것이 참된 실제적 혜택이다. 즉 개인 차원에서
자유를 상실하는 대신 『사회계약론』의 당사자로서 더욱 고양된 수준에
서 생각하고 행동하는 능력을 얻는다. 자기 욕망의 노예로 사는 대신에
다음 식사에 대한 전망이나 자기가 축적한 소유물에 대한 위협에 끊임
없이 관심을 갖는, 잘 운영되는 사회의 시민들은 더 큰 선에 집중할 수
있으며 정신을 더욱 심오하고 지속적인 혜택의 전망에 돌릴 수 있다.
그렇게 하여 그들의 삶은 다른 방식의 삶보다 더욱 의미 있고 자유롭게
된다.

　여기서 루소의 설명에 따르면 그의 국가가 주권자의 가혹한 권력에

도 불구하고 성공적으로 인간의 자유를 보장하는 데는 몇 가지 최초 이유가 있다. 이것을 타당하게 하려면 루소 사회이론의 심리적 토대를 염두에 두어야 한다. 돌아보면 루소는 동정심이 인간적 처신에서 으뜸가는 역할을 한다고 믿는다. 심리적으로 건강한 개인은 타인이 고통받을 때 도우려는 자연적 욕구로 완화되는 온건한 이기심(benign self-interest)의 동기를 느낄 것이다. 그런 본능들이 불완전하게 조성된 사회에 의해 왜곡될 때만 이런 충동은 귀에 거슬리는 해로운 이기심(amour-propre)의 요구에 포섭되며 호의적인 이기심이 해로운 자기애(self-love)로 변형된다. 동료 시민에게 상호 도움을 제공할 가능성이 도처에 만연한 이기심과 후견의 압력으로 희박해지면 도덕적 상상이 제한되고 점점 더 마음속으로 스스로를 즐겁게 하는 내면의 욕망에 굴복하기 쉽다. 비록 우리 행위가 어떤 외부 힘에 구속당하지는 않겠지만, 좀 더 만족스럽고 의미 있는 삶의 양식이 우리를 거부한다. 결과적으로 우리는 덜 자유로워지고 우리의 참된 인간적 잠재력을 수행할 기회가 사라지게 된다.

우리는 여전히 루소의 이상적 공동체가 이런 위험을 어떻게 회피하느냐에 대해 더욱 엄밀한 설명을 기다리고 있지만, 적어도 그의 사상이 어느 방향을 지향하는지는 명백하다. 루소의 문명사회에서는 모든 성원이 모든 결정을 내리고 여기에 구속되므로 각 개인이 자기 행위가 전체 공동체에 어떻게 영향을 미치는가를 생각할 분명한 이유가 있다. 어떤 시민이 다른 사람에게만 영향을 미치는 법률을 통과시킬 수 있는 사례는 절대 없을 것이므로 각자는 어떤 제안의 함축성을 더 넓게 고려하는 경향을 지니게 될 것이다. 그렇게 함으로써 그들은 자신의 이익에 비열하게 집착하기보다 오히려 전체 집단의 이익에 더 가깝게 결속될 것이다. 그런 사고방식에 따르는 유익한 효과는 아마도 시간이 지나고 공동체가 번영하는 만큼 명백해질 것이다. 따라서 그 집단의 전반적인 결정에서 이탈한 사람들은 모든 성원을 고상하게 하고 고양시키는 약속을 유지하는 기획의 일부일 뿐이므로 주권자의 의지를 수용할 수밖에 없다. 설령 단기간에 개인은 좌절될지라도 때가 되면 그런 연합의 일부로서 얻는 거대한 혜택을 인식하게 될 것이다.

인류의 심리적인 건강과 적절한 동기에 관한 루소의 전반적인 견해에 동감하는 사람이라면 이런 입장이 매혹적일 것이다. 그러나 루소의 설명이 막강한 주권에 대한 우려를 충족시키는지는 여전히 불확실하다. 어떤 비판자는 다음과 같이 추론한다. 루소의 사회질서 목표는 정치결사가 생기기 이전과 똑같은 수준으로 각 성원의 자유를 보장하는 것이라고 여겨진다. 이제 공동체 전체의 견해와 다른 목소리를 침묵시키는 사회의 개요를 제시한다. 설령 그런 정치체제가 그 성원들에게 참된 혜택을 제공한다는 사실을 받아들일지라도 일반의지에 반대되는 어떤 견해도 억압받으므로 여전히 자유는 보장되지 못한다. 의견을 달리하는 시민이 『사회계약론』의 당사자로서 아무리 좋은 것을 획득할지라도 이는 주권자의 의지에 전적으로 양도되는 것이므로 자기 자유를 얻지 못한다. 따라서 루소의 체제는 성공의 핵심 척도를 획득하는 데 실패한다.

물론 루소는 자신의 설명이 자유를 보호할 뿐 아니라 실제로 자유를 증대한다고 믿는다. 그래서 루소와 그의 반대자는 상반된 목표를 말하는 것처럼 보이며, 그들이 염두에 둔 용어인 '자유'는 전혀 다름에 틀림없다. 이 장의 거의 끝부분에서 루소가 자연상태에서 가진 '자연적 자유'와 루소 자신이 염두에 둔 '시민적 자유'를 결정적으로 구분하고 있음이 드러난다. 일반의지와 언제나 일치하며, 시민이 자신의 자연적 자유를 희생하고 얻는 것은 후자와 같은 종류의 자유다. 따라서 루소가

사회가 자유를 보존한다고 주장할 때는 '시민적 자유'를 염두에 둔 것
이며, 공동체가 성원에게 일반의지를 강요하는 경우를 받아들일 때는
단지 '자연적 자유'가 침해되어서다.

　루소가 이 문제에 관해 이미 충분히 말한 장의 끝부분에서 이런 중요
한 차이를 정당화시키고 제대로 설명하지 않은 것은 안타깝다. 그러나
우리는 정치철학에서 종종 사용되는 한 쌍의 개념을 통해 루소의 목적
을 더욱 분명히 할 수 있을 것이다. 벌린(Isaiah Berlin)은 1958년에
『자유의 두 개념』(*Two Concepts of Liberty*)이라는 유명한 책을 저술했
다.[6] 그는 거기에서 '소극적 자유'와 '적극적 자유'라고 명명한 두 개의
경쟁적인 자유 개념을 주장했다. 전자는 가장 단순하고 어쩌면 가장 본
능적인 것으로서 개인 행위에 대한 외부의 제약이 없는 것을 의미한다.
자기가 특정 시간에 원하는 것을 할 수 있다면 (소극적으로) 자유로운
사람이다. 어떤 이유로 그렇게 하지 못하면 자유가 박탈된 것이다. 정
치권력이 그런 소극적 자유를 제한하는 것이 옳은 경우가 많다. 어떤
사람이 무차별 살인을 하고 싶어 한다면 그런 행위의 자유를 박탈하는
것이 정당화될 것이다. 그러나 그런 경우 살인자를 위축시키는 행위가
바로 그 살인자의 자유를 증대시킨다는 주장은 성립하지 않을 것이다.
대신 어떤 경우에는 개인의 자유가 제한되어야 한다는 주장이 받아들
여진다. 소극적 자유는 환경을 참작하지 않는 상태에서 보호받고 고무
되는 것이지만 자유의 혜택이 개인의 안전과 같은 다른 사회적 재화를
짐해하면 자유를 제한할 수 있다. 소극적 자유 개념을 사용하는 고전적
인 자유의 지위는 개인의 행위가 다른 사람에게 직접적으로 해를 끼치
지 않는 한, 그 개인은 자기가 원하는 것을 자유롭게 할 수 있다는 기준

6　이것은 벌린의 취임 강연으로 제시되었다. 그것은 여러 번 출판되었는데 가장 최
근은 다음을 참조하라. *Liberty*, pp. 166-217.

에 따라 조성되었을지도 모른다.

  적어도 이러한 추론과 대체로 연관된 형태로 루소의 정치체제가 소극적 자유를 보장하지 않음은 분명하다. 『사회계약론』은 각 성원에게 개인적 권리를 포기하고 공동체의 일반의지에 따라 행동하라고 명령한다. 주권자는 일반의지와 다른 견해를 지닌 성원 누구에게나 일반의지를 강제할 수 있다. 더욱이 그런 상태는 공동체에서 각 개인의 자유를 위축시키기보다 오히려 강화한다고 루소는 주장한다. 따라서 루소의 입장은 벌린의 '적극적' 자유의 개념에 훨씬 더 가깝다. 여기서 핵심 개념은 자신의 삶을 강화하고 유익한 결과로 이어지는 목표를 추구해야 하는 더 많은 기회에 (적극적으로) 더욱 자유롭다는 점이다. 좋은 사회는 시민에게 최대한 넓고 건전한 선택의 범위를 보장해야 한다. 적극적 자유의 옹호자에 따르면 개인에게 불필요한 제약을 제거하는 것만으론 불충분하다. 그 대신에 달리 도달할 수 없는, 잠재적으로 호의적인 상황을 이용하도록 도와주어야 한다. 평범한 사례가 어린이를 강제로 학교에 보내는 것이다. 어린이는 대부분의 시간을 교실에서 지내기를 싫어하며, 규율과 벌이 없다면 아마도 다른 곳으로 가버릴 것이다. 그러나 어린이에게 이를 허용하면 이후의 생애에서 심각하게 기회를 박탈당할 것이다. 그들은 기술 부족으로 훌륭한 경력을 추구할 자유를 상실하게 되고 생활양식도 대단히 제한될 것이다. 따라서 적극적 자유의 옹호자에게 어린이를 학교에 보내는 행위는 행동에 제약을 가하는 것임에도 불구하고 그들의 전체 자유를 증대시키는 것으로 보일 수 있다.

  루소는 전반적으로 적극적 자유의 주요 지지자 가운데 한 명으로 보이며, 그의 '시민적 자유'는 벌린의 소극적 자유의 개념보다 적극적 자유의 개념에 확실히 더 가깝다. 이런 이유로 루소의 철학은 종종 고전적인 자유주의자들에게 비판받는다. 벌린의 저술은 즉각적으로 자기 신민의 삶에 간섭하는 고압적인 정부로 이르게 된다는 이유에서 적극적 자유의 극대화에 기초한 사회에 회의적이었다. 설령 그런 정부의 의도가 선하고 당국이 순수하게 자기 시민들을 올바른 방향으로 이끌기만을 원할지라도, 그 판단이 시민들의 판단보다 더 훌륭할 것이라고 누가 보장하겠는가? 아무튼 개인이 자기 이익에 반하는 행동을 하는 정부에 어떤 저항도 하지 않을 것이므로 그런 사회는 억압과 전체주의로 향하는 성향이 있을 것이다―결국 모든 것이 '그들의' 자유를 극대화하기 위해 행해질 것이다.

　루소의 사회질서는 이런 전체주의의 범주에 빠지는가? 물론 많은 사람들이 그렇게 생각했다. 그러나 우리는 우리의 생각을 구상하기 위해 현재 주권자의 엄밀한 역할과 행위에 대해 더 많은 정보를 얻고자 한다. 예컨대 루소의 설명에서 주권자가 지나치게 억압적 권력이 되는 것을 막을 수 있는가? 함축된 것처럼 일반의지는 언제나 공동체를 향한 최선의 방안을 가리킬 것이라고 생각할 이유가 있는가? 그렇다면 그런 사실은 어떻게 확실하게 알려질 수 있는가? 이것들이 루소에게 어려운 문제이며 이제 이것들을 처리할 시간이다. 그러나 앞에서 언급한 것처럼 이런 주제는 2권에서 더욱 철저히 다뤄지기에, 그때까지는 루소 구상의 일관성과 수용 가능성에 대한 논의를 유보해야 한다. 지금은 시민적 자유에 대한 루소의 간략하고 적극적인 설명에 만족하고 루소가 일반의지의 본성과 주권의 본성을 좀 더 구체적으로 개관할 때 그런 입장에 대한 분명한 우려가 언급되길 기대한다.

　그전에 주권자는 비순응자들을 대열에 함께하도록 강제하는 것이 정당하다고 주장해야 하는 실질적인 이유를 생각해보자. 앞에서 보았듯이 주권체는 국가 안의 모든 시민으로 구성된다. 때때로 이탈하는 일부 성원의 문제가 아니다. 루소 모델의 본질적인 특징은 모든 개인이 같은 배에 타고 있어서 모두가 함께 법을 만들고 그 법은 모두에게 공평하게 적용된다는 점이다. 이런 조건이 유지되는 동안 루소의 공동체는 분명히 우리가 고려한 다른(어떤 집단이 법을 만들고 다른 집단에게 법을 부과하는) 공동체와는 같지 않다. 심지어 어떤 개인이 루소의 사회계약에서 벗어나기로 선택할 가능성이 있다면, 전체 기획이 신속히 풀어지는 모습을 보는 것은 어렵지 않은 일이다. 어떤 사람이 아무리 제한적일지라도 일반의지에 반하는 개별의지를 수행할 자유를 갖는 것은 루소의 거대한 희망, 곧 인민이 스스로를 분리된 개인으로 바라보지 않고, 공유된 기획의 대등한 참여자로 간주하는 일이 결코 실현될 수 없음을 의미한다. 따라서 루소가 부르짖는 '사람에게 일어나는 경탄할 만한 변화'로서 모두가 그 기획에 동참하도록 강제하는 것이 중요하다. 그런 강제가 없다면 그 모델은 특징과 성공 가능성을 잃는다.

재산(9)

주권자의 권력과 일반의지의 본성에 관한 더욱 상세한 논의에 들어가기 전에 루소는 어느 정도 여유를 갖고 자신의 이상적인 공동체에서 재산이 어떻게 기능하는지에 대해 개관한다. 루소가 시민적 자유를 설명한 이후 곧바로 그렇게 하는 것은 우연이 아니다. 즉 루소 이전과 이후 많은 이론가에게 자유와 재산 개념은 아주 밀접해진다. 어떤 이론가들에게는 자기 재산권이 자유의 근본적인 초석으로 보이고, 다른 이론가들에게는 압제와 불평등의 도구로 보인다. 루소의 주장에서 재산의 본성은 어느 정도 자유의 본성에 비유된다. 개인이 자연상태에서 불만족스러운 '자연적 자유'로부터 사회계약을 통해 '시민적 자유'로 이전하는 것과 같은 방식으로 자연상태에서 단순히 '소유'하는 것으로부터 주권자의 승인권으로 뒷받침되는 문명상태의 진정한 법적 재산권의 획득으

로 이행한다. 루소가 초기에 『사회계약론』에서 모든 개인은 다른 모든
이에게 자기의 모든 권리를 양도한다고 주장한 것처럼, 이것이 작동하
는 방식은 약간 복잡하다.

　루소는 어떤 사람이 '사회계약'에 참여할 때 공동체에 모든 것, 곧 자
신의 인격과 권리 및 재산을 양도한다고 다시 강조함으로써 논의를 시
작한다. 그러나 어떤 의미로 그가 자신의 물질적 소유를 양도하는지에
주목하는 것이 중요하다. 그가 물질적 소유의 이용이나 점유를 실제로
양도하는 것이 아님은 흥미롭다. 그 대신에 그는 그런 소유에 대한 법
적 권리와 같은 것을 넘겨준다. 그것과 관련되는 한, 주권은 모든 재산
의 '주인'이 되지만 그렇다고 개인들이 그런 재산의 사용권이나 혜택을
상실하지는 않는다. 실제로 개인은 전체 공동체로 확대되는 상호 소유
의 그물망으로 결속되므로, 루소는 그런 협약이 그 소유를 이전보다 훨
씬 더 안전하게 한다고 주장한다. 자유에 대한 초기 논의와 약간 유사
한 방식으로 사회 안에 있는 모든 사람이 같은 배를 타고 있다는 사실
은 어떤 사람이 그런 재산권을 침해하는 것은 전체 국가에 대한 침해를
수반하므로 각 성원이 실제로는 평화롭게 자기 재산을 향유할 가능성
이 더욱 높아졌음을 의미한다.

　따라서 약간 혼란스럽겠지만 국가는 성원의 모든 소유에 대해 중요
한 공식적 권리를 갖는 것으로 보인다. 그러나 루소의 관점에서 이것이
(개별) 소유자가 재산을 보유하는 참된 의미를 훼손시키지는 않는다.
이것이 이치에 합당하다면, 재산 개념 자체와 어떤 종류의 행위가 재산
권을 확립하는지에 관한 루소의 더욱 전반적인 사상을 따를 필요가 있
다. 우리가 기대한 바와 같이 루소는 최강자의 권리로 재산권을 확립할
수 있다는 견해를 펼칠 시간이 없다. 루소는 영토 소유의 사례를 이용
하여 정복의 권리로 한줌의 땅이라도 걷거나 그것을 '소유할' 권리를

가지면 그것은 누구나 멋대로 누리는 자연상태의 복제일 뿐이라고 주
장한다. 사람들은 그런 책략으로 물질적인 땅의 혜택을 끌어낼 수 있
지만 자기 권리에 대한 어떤 확신도 얻지 못하며, 누군가가 다른 이들
을 쫓아낼 만큼 강력해지면 법적 보호를 호소하지도 못할 것이다. 이것
이 루소가 단순한 소유와 순수한 의미의 재산을 구분한 방식이다. 루소
에 따르면 토착민의 소유를 빼앗은 정복자들과 탐험가들의 행위는 이
후 아무리 법적 정밀함으로 분장되었을지라도 이런 종류의 행위일 뿐
이다.

　그럼에도 불구하고 루소는 어떤 사람이 '최초 점유자'의 권리로 재산
을 얻을 수 있음을 인정한다. 이것은 다음과 같은 방식으로 최강자의
권리와 다르다. 첫째, 그 토지(혹은 재산)가 다른 앞선 점유자에 의해
거주되지 (또는 사용되지) 않아야 한다. 둘째, 청구자는 합리적인 생존
에 필요한 이상을 취하지 말아야 한다. 셋째, 소유권은 그 재산을 버려
두지 않고 실제로 이용함으로써 확립된다. 이런 조건을 제시하면서 루
소는 영국 철학자 로크에 의해 가장 유명하게 표명된 원리를 사용한
다.[7] 로크는 모든 재산권은 궁극적으로 자기 신체에 대한 소유권으로부
터 유래한다고 주장한다. 그 결과 자신의 생존에 필요한 재산이 관련된
행위(식량 수확과 피난처 건축이나 토지 경작)는 합리적인 재산의 축
적으로 간주될 수 있다. 그런 것을 '우리의' 재산으로 확정하는 것은 자
신의 신체 노동을 그것에 혼합했다는 사실이다. 이런 상황은 어떤 개인
이나 가족이 소비할 수 있는 자원에 한계가 있고 경쟁적인 요구가 적으
므로, 기술이 발달하기 이전 국가에서는 문제가 거의 나타나지 않는다.
그러나 농업과 다른 기술이 각 개인의 획득력을 확대시키고 사람들이

7　재산에 대한 로크의 논의는 다음을 참조하라. John Locke, *Two Treatises of Government*, 특히 Chapter 5 of the second treatise.

대규모 집단으로 집결하기 시작하면 재산에 대한 중첩되고 불평등한 문제가 심각해진다. 따라서 재산 소유에 관한 루소의 조건, 곧 개인은 자신이 이용할 수 있는 것만을 획득할 수 있고 필요 이상으로 축적하면 안 된다는 조건이 필요하다.

이것이 '최초 점유자'의 원리에 기초한 재산 개념이다. 루소는 이것이 언제나 강력하게 보호된 것은 아닐지라도 자연상태에서조차 통용되었다고 주장한다. 루소의 관점에 따르면 이것은 첫 번째 계약의 부재 상태에서 각 개인은 여전히 다소간 자기 입장에서 행동하기 때문이다. 비록 대부분의 인구가 최초 점유자 원리라는 호칭의 유효성을 인식할지라도 그것이 실현될 절대적인 보장은 없다. 실제로 인간적인 질투와 분노의 약점은 폭넓게 받아들여진 재산권 원리를 전적으로 시험하는 것 같다. 루소에 따르면 최초 점유라는 약한 개념을 좀 더 확고하고 확실한 것으로 확대할 필요가 있다. 국가에 대한 모든 개인의 재산권 파기는 역설적으로 그런 초법적인 보호를 달성하는 루소의 방식에 충분하다. 루소 사상은 그의 이상적인 사회질서에서 공동체의 각 성원이 궁극적으로 국가가 소유하는 재산의 신탁자로 간주되는 것이다. 모든 소유의 기초가 바로 전체 공동체의 토대가 되는 것처럼, 각각의 사람은 사회질서의 계약적 토대를 존중하는 것만큼 소유의 구분을 존중할 것이다. 좀 더 거칠게 표현하면 어떤 개인이 고립된 다른 개인의 권리를 침해하는 것보다 모든 동료 시민이 공동으로 유지하는 체제 요건을 침해하는 것이 더 어려울 것이다.

루소에게 시민적 자유 개념과 마찬가지로 이런 상황은 재산 소유의 정당성을 강화하는 결과를 지닌다. 각 개인의 획득이 상대적으로 약한 최초 점유자의 원리 대신에 이제는 전체 공동체에 의해 보증된다. 이것은 루소가 하듯이, 공동체를 '벗어난' 누군가의 관점에서 그 장면을 고려하면 약간 더 분명해질 수 있다. 경쟁 국가의 한 성원이 자기네 땅과 인접한 땅에 탐욕스러운 눈길을 던진다고 가정해보라. 그들이 그 땅을 강제로 병탄하기로 결심하고 자기 땅에 덧붙일지도 모른다. 만약 그 땅을 먼저 소유하는 개인이 자기 책임으로 순수하게 행동하면, 침략자는 자기 목표를 달성하기 위해 그 사람의 저항을 극복해야 한다. 그러나 문제가 된 땅이 법적으로 현재 소유자가 성원인 전체 공동체에 속하면, 그것을 빼앗길 원할 때 공동체 전체와 싸워야 할 것이다. 이것이 루소가 자신의 재산제도가 사회계약의 당사자들에게 참된 혜택을 부여한다고 믿는 한 가지 이유다. 즉 재산 수탁자는 현재의 자기보다 훨씬 더 강력한 힘에 의해 공동으로 유지되므로 각자는 다른 방법으로 행한 것보다 자기 소유에 대해 훨씬 더 안전하게 된다. 덧붙여 국가 내 개인 간의 분쟁 해결은 단지 어떤 개인이 아니라 국가 전체에 대해 행해지는 악행처럼 더욱 확실하고 덜 변덕스럽게 이뤄진다고 가정할 수 있다. 이런 상호 관련성이 모두가 다른 사람의 지위를 존중하는 강력한 이유이며, 재산권이 다른 방법보다 자기 제도 아래에서 더욱 안전하다는 루소의 주장에 대한 근거다.

　이제 외부 개입에 대항하여 국가에 의해 유지되는 보충적인 재산의 안전에 대한 루소의 요점을 받아들일 수 있다. 그러나 자유에 대한 고려와 마찬가지로 각 개인의 재산권을 능가하는 국가권력 자체를 우려할 수 있다. 국가가 원하는 대로 각 개인의 재산을 침해하려는 주권자를 멈추게 하는 것은 무엇인가? 만약 일반의지가 모든 사람의 소유 가운데 10퍼센트를 취하라고 지시하면, 인민은 어떤 보호를 취하는가? 결국 법률 요건으로 자신이 실제 소유한 모든 것은 우선적으로 국가에 속한다. 루소는 국가의 행위가 한결같이 호의적이리라고 생각하는 것으로 보일 수 있다.

아마도 이런 반론에 직면하여 루소는 모든 재산이 국가 소유라는 개념의 명확한 본성에 대하여 아주 복잡한 지적을 한다. 루소에 따르면 국가만이 전술한 최초 점유자의 원리에 의한 성원의 재산을 소유한다. 이런 관점에서 자연상태에서 자기 소유에 대해 개인이 갖는 권리보다 국가 자체는 모든 사람의 재산에 대해 더 많은 지위를 갖지 않는다. 이와 대조적으로 루소의 국가에 있는 개별 시민은 자기 신탁 내의 소유에 관해 '더 큰' 취득을 한다. 루소가 주장했듯이, 이것은 조화롭게 행동하는 전체 공동체에 의해 보장받기 때문이다.

이 지점이 이상한 부분이다. 루소는 개인의 권리에 대한 국가의 남용 가능성에 대한 우려를 가라앉히는 것을 목표로 삼은 것으로 가정된다―결국 루소의 설명에서 점유권은 그것에 부여된 중요한 제약과 더불어 『사회계약론』에서 확립된 것보다 약한 권리다. 그러나 이런 제약에도 불구하고 모든 중요한 의미에서 국가는 공동체의 모든 성원이 신탁으로 부여한 재산을 소유함이 여전히 분명하다. 일반의지에 부합할지라도 주권이 멋대로 성원의 거주를 박탈하거나 사물을 취하도록 결정할 수 없는 이유는 여전히 명백하지 않다.

이것이 자유에 대한 존중과 더불어 일찍이 제기한 문제에 대한 반론의 유추다. 루소는 커다란 혜택을 준다고 주장한 제도의 개관을 그렸다. 그러나 동시에 주권자의 수중에 (명백히) 거대한 권력을 부여하며 권력의 남용에 대하여 아무런 안전판도 제시하지 않은 것으로 보인다. 만약 개인이 변덕스럽거나 부정의한 행위를 물리칠 도구를 갖지 않으면, 주권자가 성원 가운데 어느 한 사람의 이익을 거칠게 다룰 수 없는 어떤 다른 이유가 있을 것임에 틀림없다. 앞에서 암시한 것처럼 루소는 자신이 그런 이유를 가지고 있다고 느낀다. 이것은 일반의지의 독특한 성격에 관련되는 것으로서 루소는 이런 개념이 적절히 이해되면 주권자가 편파적이거나 부당하게 행동하는 것을 제약하고 국가 내의 각 개인이 최선의 가능한 의미에서 자유로울 것을 어떻게 보증하는지를 증명함을 목표로 삼을 것이다. 결국 이런 과정이 어떻게 작동하는지를 알려면 이제 2권에 있는 주권자의 작용에 관한 루소의 설명으로 되돌아가야 한다.

요약

이 단계에서 우리가 다룬 중요한 주제의 간략한 요약이 도움이 될 수 있다.

루소의 목표는 자연상태의 필수적인 위험을 피하는 한편 자연상태에서 발견되는 자유를 보존하는 정치체제를 고안하는 것이다. 루소는 복종하는 대중 위에 군림하는 어떤 집단(혹은 개인)의 사상에 의존하는 당대의 수많은 정치이론을 고려한다. 루소는 그것이 고취하는 의존과 후원 관계가 참된 자유에 해롭기 때문에 그 이론들을 거부한다. 이런 불완전하게 구성된 사회에서는 우호적인 자기 이익과 동정심이라는 인간의 자연적인 성향이 과도한 자존감으로 대체되어 전제주의와 불평등을 조장하게 된다.

루소의 대안 사회는 모든 잠재적 성원이 동등한 사람들의 공동체를 위하여 개인적 자유를 양도하기로 결정할 때 형성된다. 각 개인은 개인적 자유가 공동의 '시민적 자유'와 교환되는 계약을 맺는다. 그 결과로 나타나는 국가의 각 성원은 대등한 위치에 있으며 어느 누구도 자유 혹은 영향의 수준에서 차이가 나지 않는다. 국가의 결정은 그 국가의 모든 성원으로 구성된 주권체에 의해 이뤄진다. 이런 결정은 공동체의 일반의지를 반영하며 모두에게 구속된다.

그런 체제의 장점은 각 시민의 도덕적 이해가 높아지고 (적절히 이해된) 자유가 강화되는 것이라고 루소는 주장한다. 그들은 순수하게 협력적 노력에 강제로 참여함으로써 편협한 자기 이익의 굴레로부터 벗어나며 자기 지위를 정당한 정치질서의 시민으로 간주한다. 그러나 루소는 여전히 주권자의 행위가 이런 변형을 성취하는 방법이나 그 체제가 경쟁적인 정치이론을 훼손시키는 전제주의로 전락하지 않는 이유를 엄밀하게 설명해야 한다.

생각해볼 문제

1. 루소가 거부한 세 가지 정치제도의 주요 강점과 약점은 무엇인가? 그것들이 타당하지 않다고 제외한 이유는 무엇인가?

2. 루소에 따르면 인류는 어떻게 자연상태에서 사회상태로 진보하는가? 그 변화에 대한 루소의 묘사는 어쩔 수 없는 것인가?

3. 1권에서 약술한 것처럼 루소 사회 모델의 가장 중요한 특징은 무엇인가? 그런 체제의 잠재적 혜택과 함정은 무엇인가?

4. 루소가 윤곽을 그린 '자연적 자유'와 '시민적 자유'의 중요한 차이는 무엇인가? 각 개념의 강점과 약점은 무엇인가?

5. 시민사회 내에서 루소의 재산 개념은 무엇인가? 공적으로 소유된 재산이 가장 정당한 소유 형태라는 루소의 주장은 옳은가?

2권

2권에서 루소는 주권자의 본성을 더욱 명확히 하며 당시에 애매했던 일반의지 개념을 전개하는 데 집중한다. 루소는 그렇게 함으로써 얼핏 보기에 통제되지 않는 주권에 대한 우려가 해소되길 기대한다. 또한 루소는 3권에서 좀 더 자세히 논의되고 법률과 그것의 적절한 적용에 관해 많은 말을 하게 될 정부의 실용성에 관해 유의할 점을 지적한다. 그렇게 하여 루소는 많은 주석가들이 루소의 전 체계에서 가장 혼란스러워하는 측면인 입법가의 특징을 소개한다. 그러나 2권의 끝에서 루소는 그의 정치체제의 법적 토대 대부분을 전개하기에, 우리는 그 성공을 판정할 훨씬 더 유리한 위치에 서게 될 것이다.

주권자의 본성(1-2)

루소는 주권자의 본성에 관해 두 가지 주장, 곧 양도 불가능하고 분리될 수 없다는 주장으로 시작한다. 첫 번째 생각은 노예제의 논의에서 이미 어느 정도 제기한 관념의 반복이다. 그때 본 것처럼, 루소는 어떤 사람이 다른 개인이나 집단에게 본질적인 자유를 양도하거나 팔 수 없다고 믿는다. 그런 일이 일어나면, 판매자는 자신의 고유한 인간성의 본질적인 요소를 잃게 될 것이다. 개인이 이런 대가를 치르지 않고 자유를 양도할 수 있는 유일한 상황은 여기서 탐구하는 『사회계약론』상의 계약이다. 이런 계약을 통해 다른 모든 당사자가 동등한 수준으로 자신의 자유를 양도하는 것처럼, 루소는 더욱 크고 더욱 심오한 '시민적 자유'로부터 모든 혜택을 얻고 그 대가로 증진된 형태의 자유를 받기 위해 이전의 자유를 양도할 뿐이다.

일단 이런 교환이 일어나면 주권체의 소외가 더 이상 일어날 수 없다고 루소가 주장하는 것은 그의 전반적인 입장에서 충분히 합리적이다. 다른 말로 하자면 모든 개인이 주권자에게 자신의 개인적 자유를 양도한 후에 권력은 다른 집단에게 더 이상 위임되거나 양도될 수 없다. 그렇게 하는 것은 루소의 사회질서의 중요한 특징, 곧 공동체의 모든 성원은 주권자의 심의에 동등한 수준으로 참여하며 모두가 그 결정에 동등한 수준으로 구속됨을 깨뜨릴 것이다. 만약 국가의 어떤 구성 집단이 집단보다 공동체를 다스리기에 더 적합하며 일반의지를 결정하고 (힘으로든 모든 다른 사람들의 합의에 의해서든) 그것에 따라 행동하는 역할을 수행하면, 그 사회질서는 루소가 피하고자 하는 계층화된 사회 종류로 타락할 것이다. 그런 각본에서 국가의 모든 개별 성원은 자유를 포기하지만, 단지 소수 집단만이 공동체의 방향을 결정하는 권력을 보유하게 될 것이다. 물론 이것은 정확히 루소가 이미 거부한 인민이 군주(혹은 과두제)에게 자유를 양도하기로 선택한 그로티우스 각본의 다른 판이다.

여기서 루소가 어떤 권력도 주권자로부터 아래로 양도될 수 없다고 주장하지 않는다고 지적하는 것이 중요하다. 실용적인 차원에서 모든 것이 성원 전체 집회에서 결정되어야 한다면 사회 운영이 매우 어려울 것이다. 앞으로 보게 되듯이, 공동체에 영향을 끼치는 많은 실용적인 결정은 실제로 행정의 하위 단위인 정부에 의해 이뤄진다. 주권자의 유일한 과업은 일반의지를 결정하고 그 계율에 따라 행동하는 것이다. 그러나 일단 이런 요구가 이뤄지면 루소로부터 그런 과업이 어떻게 할당되는지에 관해 더 많이 알고 싶을 것 같다. 한편으로 주권자의 문제를 제기하는 것은 무엇이며, 다른 한편으로 정부의 문제를 제기하는 것은 무엇인가? 다른 말로 하자면 어떤 종류의 쟁점이 일반의지에 주의를 기울이게 하며, 하위 단위인 행정기관에게 분류되어 남겨질 수 있는 쟁점은 무엇인가?

이 문제에 대한 루소의 답변이 일반의지의 본성과 그 작동에 관한 더 많은 실마리를 제공한다. 루소는 주권자는 양도 불가능할 뿐 아니라 나뉠 수 없다고 주장하는 데서 시작한다. 이것은 방금 언급된 것과 아주 유사한 관념이다. 그러나 이번에는 로크의 저작에 친숙한 루소의 논의인 권력분립의 쟁점에 직접적으로 귀착된다.[8] 현대와 루소 당대의 많은 정치체제에서 국가의 주권은 몇 개 요소로 분할된다. 바로 (법률과 정책의 수행을 책임지는) 집행권, (법 자체를 체계화하는) 입법권, (그런 법의 올바른 적용이나 침해를 판정하는) 사법권이다. 루소의 설명에서 주권의 그런 분할은 없다. 주권은 오직 한 가지 과업, 곧 일반의지가 무엇인지 결정하고 그 계율에 부합하는 규칙을 통과시키는 과업을 수행할 뿐이다. 이런 과정이 올바르게 이뤄지면 표명된 규칙이 당연히 '법률'로 불릴 수 있다. 국가의 하부 단위(곧 정부 혹은 개인)가 자신의 규칙을 통과시키면 어떤 의미에서 구속력을 가질지라도 그것은 단지 '명령'일 뿐이다.

주권자의 역할에 대한 이런 개념은 국가 행정의 훨씬 더 친숙한 도식을 넘어선다. 예컨대 루소가 지적하듯이 선전포고 행위는 국가 주권체의 중요한 대권이다. 그러나 루소의 정치체제에서 모든 주권자는 일반의지의 요구에 부합하도록 법률을 통과시킨다. 루소에 따르면, 전쟁으로 가는 결정은 법의 '실행'으로 이해되는 것이 적절하다. 따라서 전쟁을 치르는 것은 주권자의 참된 기능이 아니다. 즉 루소의 이상적 공동체가 그런 일을 하기로 결정하면 그 결정은 어떤 다른 행정 요소에 달

---

8 로크는 종종 입법권과 집행권으로 권력을 나눈 권력분립의 창시자로 여겨진다. 이 문제에 대한 논의는 다음을 참조하라. Locke, *Two Treatises of Government*, §§143-148(pp. 188-190).

려 있을 것이다. 물론 주권자는 어떤 환경 아래에서 전쟁이 선포되거나 금지되는 등의 법률을 통과시키는 과업을 지닐 것이다. 그 요지는 주권체가 이런 법률, 곧 사회의 다른 요소에 의해 수행되어야 하는 과업을 실행하는 데 아무런 역할을 하지 못한다는 것이다.

따라서 루소의 구도에서 주권의 역할과 한계에 대해 더욱 분명한 구상을 알게 된다. 첫째, 주권자의 모든 행위는 전체로 움직일 때 수행되는 것, 곧 이런 역할을 공동체의 모든 성원보다 적게 구성된 집단에게 위임할 수 없음이 필수적이다. 둘째, 주권자는 법률을 실행하지 않고 법률을 통과시키기만 한다. 이런 조건이 어느 하나라도 깨지면 주권자의 행위(혹은 그로 인한 요소)는 더 이상 정당한 것으로 여겨지지 않는다. 이미 알려진 것처럼 주권체의 정당성은 그것이 전체를 대표하고 그 명령이 공동체의 모든 성원에게 적용된다는 사실에서 나온다. 루소는 적절한 시기에 주권체의 고유 기능이 타락하면 국가에 무슨 일이 일어나는지에 관해 아주 많이 말했다. 그러나 이제 루소는 주권자의 기능과 그와 결합된 권력의 윤곽을 그리는 데 관심을 갖는다. 그런 움직임은 일찍이 제기된 주권자의 분명히 통제되지 않는 권력에 대한 약간의 우려를 표현하기 위해 의도된 것이 분명하다. 주권은 법에 근거해 행동하는 것이 아니라 단지 법률을 제정하는 과업을 지니므로 임의로 개인 재산의 몰수와 같이 일종의 불법행위를 직접 실행하는 것은 그 한계 내에 있지 않다. 모든 법률은 국가의 모든 성위으로 구성된 의회에서 통과되므로 특별한 이익집단이 자신에게만 유리한 차별적인 법률을 통과시키는 어떤 사례도 없을 것이다. 루소의 글에서 법률은 모든 사람에게서 나온 것이므로 모두에게 적용되며, 이것이 정당성의 유일한 근거다.

그러나 설령 이런 움직임이 주권의 범위를 넘어 일부 반론을 제압하는 데 도움이 될지라도 여전히 몇몇 핵심 문제가 남게 된다. 주권체의 결정이 모든 성원에 의해 일제히 이뤄져야 함에도 내부의 다수당이 그 절차를 지배하는 것을 무엇으로 멈출 것인가? 그런 문제에 관한 루소의 답변은 적어도 일반의지의 본성에서 시작하여 법의 본성에 관한 설명에 존재한다. 후자의 개념은 2권의 후반부에 길게 다뤄지지만, 전자의 개념은 곧바로 다뤄진다. 그 논의의 선구자로서 루소는 이미 제시된 일반의지의 일부 특징을 반복한다.

첫째, 루소는 일반의지와 각 개인의 개별의지 사이에 일치된 뚜렷한 규칙이 없다고 주장한다. 크게 놀랍지 않은 주장이다. 즉 이것은 대부분의 사람들이 갖는 바람은 대개 단기적인 것이라는 주장일 뿐이다. 그러나 설령 전체 공동체의 혜택이 오랜 시간이 지나면 이기적 행동에 따르는 혜택보다 나아질지라도 개인은 분명히 일련의 행위를 추구하는 혜택을 누리지 못할 것이다. 그렇지 않으면 어떤 일련의 행위가 자기를 포함한 모두에게 혜택이 되는지 잘 인식하게 될 것이지만, 여전히 직접적인 결과를 가져올 선택을 취하기 쉽다. 루소는 각 성원의 개별의지는 본래 편파성을 지향하는 반면에 일반의지는 평등에만 관심을 지니므로, 개별의지는 신뢰가 갈 만큼 일반의지를 따르리라는 보장이 절대 있을 수 없다고 주장한다. 그러나 각자는 적어도 적절히 규제된 사회 안에서 일반의지에 일치하도록 행동(예컨대 모두가 평등하게 혜택을 누릴 방향을 추구)할 잠재력을 갖고 있다. 여기서 앞장에서 이미 규정한 개념이 등장한다. 즉 우리가 개인으로서 뭔가를 행하는 동기는 전체 공동체에 이익이 된다.

둘째, 일반의지는 공동체의 성공적이고 공정한 집행에 유일하게 신뢰할 만한 지침이다. 만약 적절히 분별력 있게 행동하게 되면, 일반의지는 자유와 안전을 보호하는 국가로 가는 경로를 그려낸다. 일반의지

가 적절히 적용된 경우에는 공동체 전부가 아닌 공동체 일부를 목표 삼
아 주권자가 내린 결정이 나타날 수 없다. 여기서 일반의지의 개념은
루소에 의해 약간 다른 방식으로 언급되는 것으로 보인다. 우리 모두가
개별적으로 지닌 동기를 위한 조건이라기보다는 오히려 주권자가 그
선택을 부과하는 기준 내지 지침이 되는 것으로 보인다. 따라서 이렇게
생각하면 루소는 일반의지를 주권자의 행위 자체를 통해서 현실화될
뿐인 개념으로서 함께 행동하는 인민에 의해 독특하게 소유되는 것으
로 간주하는 것으로 보인다.

> 그 의지가 일반적인지 아닌지는 그것이 인민의 의지인지 단지 일부 사람들
> 의 의지인지에 의해 정해진다.(SC, II, 2)

약간 혼란스럽다. 일반의지는 우리 각자에게 존재하는 동기이기도
하지만 전체 공동체의 재산이기도 하다. 실제로 『사회계약론』의 처음
부터 끝까지, 루소는 망설임 없이 이런 두 의미 사이를 오락가락하는
것으로 보인다. 이런 이유로 일반의지 개념은 루소 사상에 의미를 부여
하려고 애쓰는 사람들 사이에서 많은 논쟁의 대상으로 남아 있다. 그러
나 이런 모호한 사상이 훨씬 더 큰 정치 구도에서 어떻게 작용하는지에
관하여 더 구체적인 정보를 수집할 수 없다면, 루소의 기획을 전체적으
로 적절히 평가할 수 없을 것이다. 따라서 책 전체에서 다음 두 장이 일
반의지에 관한 루소의 가장 광범위한 논평 일부를 포함하므로 실마리
를 잡고 그것이 무엇인지 분명한 설명을 재현할 수 있을지를 밝힐 때가
되었다.

일반의지의 본성(3-4)

개인이 소유하는 일반의지와 주권자가 실행하는 일반의지 사이에 명백한 혼동은 루소가 직면한 중요한 어려움을 보여준다. 루소는 자신의 정당한 사회에서 개인은 『사회계약론』에서 자기 권리를 양도하기 전만큼 자유롭다고 주장하고 싶어 한다. 따라서 주권자가 어떤 법률을 통과시킬 때 그것이 어떤 방식으로 인민의 열망과 바람을 반영하는지가 중요하다. 어떤 의미에서 이것을 하지 못했다면, 어떻게 인민의 자유가 증대되고 보호받는지를 알기 어렵다. 다른 한편으로 일반의지의 매력 자체는 개인적 충동과 부분적 욕구가 완화된 것이며, 전체 공동체에 대한 전반적인 일련의 목표를 반영한다는 점이다. 루소는 어떻게 개인적 동기의 반영이자 전체 사회의 지도 원리인 일반의지를 그려낼 수 있을까?

아마도 루소가 여기서 할 수 있었던 가장 분명한 움직임은 일반의지가 사회 전체의 일치된 결정일 뿐이라고 주장하는 것이다. 우리는 이미 주권체가 공동체의 모든 성원으로 구성됨을 알고 있다. 만약 그런 집합이 개별 쟁점을 심의하고 그 쟁점에 관하여 모두가 특정한 경로의 행위에 합의하면, 그것이 정확히 '일반적'인 주권체 의지의 사례가 아니겠는가? 그런 사례에서 모든 성원에게 인식되는 어떤 소유물과 같은 의미를 지닌 일반의지처럼 각 성원은 투표 절차를 통해 공동체의 선을 위해 행동했을 것이다. 주권자 역시 어떤 불일치도 없으므로 전체 인민의 의지를 순수하게 표현한다고 말해질 수 있다. 더욱이 전체 공동체가 단일 경로를 추구하기로 선택했으므로 그 정책은 아마 훌륭할 것이다. 그렇지 않다면 적어도 어떤 불일치가 있음이 확실하다. 그 결정이 적절한 종류(어떤 방식으로 행동하는 해결책보다는 오히려 법률 통과)이며 은밀한 강제나 기만이 없다면, 이것은 무엇이 일반의지가 되어야 하는지를 분명히 묘사하는 것이 아닌가?

별로 그렇지는 않다. 우리는 이미 실질적인 반론이 대두하는 것을 볼 수 있었다. 설령 만장일치의 결정이 그 해법이 옳다는 확신을 부여할지라도 이런 보장은 여전히 몹시 취약하다. 루소는 이전에 일반의지가 그 사회가 통과시켜야 하는 어떤 법률에든 매우 신뢰할 만한(혹은 심지어 오류가 없는) 지침이라고 암시했다. 정보의 결여, 문화적 관습 혹은 단순히 어리석음으로 인하여 억압적이거나 차별적인 만장일치 결정이 내려지는 경우를 상상하기란 매우 쉽다. 게다가 공동체 의지가 모든 중요한 문제에 어떻게 만장일치로 합의할 것인지에 대해 의구심을 느낄 수 있다. 루소가 알고 있듯이, 정치결사의 핵심 문제 가운데 하나는 국가 성원의 충돌 욕구와 의지를 공정하게 균형 잡는 것이다. 루소가 이미 지적한 것처럼, 개별의지는 끊임없이 서로 다르고 편파적인 방향으로 끌어당긴다. 이렇게 되면 만장일치 조건은 주권자에게 무기력을 선고하는 위험을 지니게 된다. 이런 이유로 루소는 일반의지가 주권체에 의해 만장일치 투표로 이해되는 것이 최상이라는 생각을 거부한다. 실제로 루소는 비록 전체 인민이 결코 타락될 수 없을지라도 잘못된 정보로 인해 잘못 인도되거나 작동될 수 있다고 주장하여 '전체의지'와 일반의지를 뚜렷이 대비시킨다.

　모든 사례에 주권자가 적용하기에는 만장일치가 너무 모호한 기준이라면, 투표에 참여한 사람의 단순다수제로 충분하다. 2장 초반의 각주에서 루소는 단순다수제가 일반의지를 결정하는 데 받아들일 만한 기초라고 주장하는 것으로 보이며, 모든 투표가 집계되고 어느 누구도 그 과정에서 배제되지 않는다면, 만장일치가 일반의지를 반영하는 결정에 필요하지 않다고 설명한다(SC, II, 2n). 그러나 여기에 주의를 기울여야 한다. 루소는 여전히 일반의지가 어떤 방식으로든 전체 공동체의 의지를 반영한다고 주장하고 싶어 한다. 앞으로 간략히 보게 되듯이, 우리의 민주사회에서 친숙한 경쟁 정당에 기초한 다수투표제는 적합한 모델이 아니다. 설령 두 관념이 아주 똑같지 않을지라도 '전체의지'가 일반의지의 토대를 형성한다는 생각에 루소는 여전히 예민하다. 약간 이해할 수 없는 구절에서 루소는 두 관념 간의 관계를 명확히 하려고 시도한다.

> [모든 개인이 원하는 것인] 전체의지와 일반의지 사이에 종종 커다란 차이가 있다. 일반의지는 공동이익만을 고려하는 반면, 전체의지는 사적 이익을 고려하는 개별의지들의 합계에 불과하다. 그러나 이런 개별의지들에서 서로 상쇄하는 넘치거나 부족한 의지들을 빼면 남게 되는 균형이 일반의지다. (SC, II, 3)

여기에 일반의지가 무엇인지 명확히 보여주는 진술이 있다. 일반의지는 기계적인 더하기와 빼기를 통해서 전체의 의지로부터 유래된다. 이런 과정이 명확히 이뤄지면, 일반의지가 어떻게 산출되는지를 정확히 알 수 있을 것이다. 불운하게도 루소는 그것에 대해 더 많은 말을 하지 못한다. 그래서 여기서 루소 사상을 이해하려면 그를 대신하여 약간의 작업을 해야 한다.

루소가 사용한 수학의 언어는 어쩌면 별로 도움이 되지 못한다. 인용된 구절에 수반된 각주에서 약간 더 많은 실마리를 찾을 수 있는데, 여기서 루소는 조화로운 결과를 산출하는 상이한 의지 사이의 '대립항'에 관해 말한다. 이것의 의미를 다음 예시를 통해 알아볼 수 있다. 시민 A는 자기와 가족에게 약간 혜택이 돌아갈 공동체 법률을 제안하길 원한다. 그는 그 제안을 주권자 의회에 넘겨서 토론이 이루어지게 한다. 비록 주권체는 (다른 모든 조건이 같을 경우) 그 법률이 시행되면 시민

A의 상황이 개선된다는 점에 동의할지라도, 두 번째 성원인 시민 B는 손해를 보게 되는 것으로 밝혀진다. 결과적으로 시민 B는 자신의 개별 의지에 따라 그 법에 반대하게 된다. 시민 A와 시민 B의 두 개별의지는 서로 다른 의지를 상쇄(루소의 '더하기와 빼기'라는 말에 대한 유추)한다. 이런 경합 의지의 '합계'는 영(0)이므로, 그 제안은 전체 공동체의 순수한 일반의지를 반영하지 못하며 주권자는 그 제안을 거부하게 된다.

　그러나 시민 C, D, E도 본래의 제안에서 혜택을 보게 되고 그들이 이 (아주 작은) 공동체의 나머지 성원이라고 가정해보라. 그런 상황에서 시민 B만 빠지게 되면 모든 사람이 잘 지내게 된다. 그러면 그 제안은 한 부류에게 손해가 될지라도 전체 공동체에는 혜택이 되는 일련의 행위를 반영하는 것처럼 주권체에게 보일지도 모른다. 다시 한번 신체에 비유하면, 달리기를 하는 사람이 자신의 몸 전체가 건강해지는 대가로 무릎이 약간 마모되는 것을 받아들이는 것과 마찬가지다. 이와 비슷하게 시민 B의 복지는 약간 축소될 수도 있지만 다른 모든 사람이 만족하므로, 그 제안은 정당하게 전체로서 공동체의 일반의지를 반영한다. 시민 B의 개별의지는 다른 모든 사람의 의지와 동조하지 않으므로, 설령 시민 B의 의지에 의해 시민 A의 의지가 '상쇄'되더라도 시민 C, D, E가 모두 시민 A를 지지한다는 사실은 A의 제안이 일반의지와 일치한다는 의미다.

　이것이 루소의 견해를 재구성한 것이라고 얼마나 확신하는가? 여기서 매우 거친 형태로 개관된 것은 확실히 부적절하다. 특히 시민 B는 자신의 희생으로 혜택을 누리길 바라는 다수에게 습격받은 것처럼 보인다. 시민 B는 확실히 소수에 속하지만, 그 사실만으로 이익을 박탈당해서는 안 된다. 결국 자연상태에서는 일시적으로 공동이익을 지닌 더 큰 집단이 더 작은 집단을 괴롭히는 것을 무엇으로도 막을 수 없다. 이것은 정확히 루소가 반대한 종류의 불평등이다. 빠져 있는 것은 주권체의 각 성원 입장에서 그들의 행위가 전체 공동체의 건강에 어떤 결과를 초래하는지에 관한 고려다. 만약 그들이 시민 B를 차별하는 법률을 통과시킨다면, 다수 이익 그 자체가 입법화의 충분한 근거가 되는 선례가 이미 확립되어 있을 것이다. 이것은 환경이 변하면 시민 B에게 일어난 똑같은 일이 어느 누구에게든 일어날 수 있음을 의미한다. 그 쟁점을 철저히 생각하는 성향이라면 그들이 『사회계약론』의 당사자로서 얻은 안전이 사라지며, 주권자의 행위는 일정 시기에 일시적이거나 우연한 이익에 따라 일치되게 행동한 특정 집단의 도구인 것으로만 보일 수 있다.

따라서 다수와 일치하지 않는 견해를 단순히 무시하는 과정보다 일반의지를 모두의 의지로부터 끌어내는 계산법이 더욱 미묘한 것은 틀림없다. 우리는 이런 난점을 설명하는 작업을 여전히 하겠지만, 루소는 적극적인 해법을 이끌어내는 일반의지의 작용에 대해 두 가지 더 나아간 주장을 한다.

첫째, 루소에 따르면 주권체 내의 파벌주의 내지 당파성은 정당하지 않다. 이익집단은 엄격히 금지된다. 루소의 논거는 다음과 같다. 우리는 정당한 일반의지가 주권체의 모든 성원의 의지에서 유래되며, 그 과정에는 공통점이 없는 의지들의 '평균'을 구하거나 '정제'하는 과정이 포함된다는 사실을 안다. 이런 상황에서 주권체가 어떤 주어진 주제에 관해 최대 규모의 개별의지들을 고려할 수 있다면 그 과정은 더욱 좋아질 것이다. 의회가 더 많은 관점을 고려할수록 저변에 깔린 조류나 '평균적인' 견해를 더 많이 반영할 수 있을 것 같다. 여론 조사가 그 실례라고 생각해도 좋다. 만약 내가 다음 총선거에서 그 민족의 투표 성향을 알아내기 위해 수백만 명의 인구에서 다섯 명만 면담한다면, 매우 부정확한 결과를 얻을 것이다. 개인적 의도의 형태로 가공되지 않은 자료를 더 많이 얻을수록 전체 민족의 의도에 긴밀히 상응하는 여론 조사 결과를 도출할 수 있을 것이다. 얼마간 유사한 방식으로 더 많은 '가공되지 않은' 순수한 의지들이 주권자 의회에서 표현되면 될수록, 의지를 정제하는 과정에서 정당한 일반의지의 훌륭한 근사치를 배출할 가능성이 더 커진다. 만약 (정당, 이익집단, 조합 등과 같은) 파당이 주어진 법률에 관한 토론에 영향을 끼치는 것이 허용되면, 가능한 목소리의 숫자는 적극적인 파당과 정렬되지 않은 무소속의 숫자의 합으로 줄어든다. 최악의 경우 어떤 집단이 매우 강력해져서 그런 모든 토론을 지배하고, 주권체는 공동체의 한 파당을 위한 대변자로 전락된다.

따라서 루소는 주권체의 개별 성원이 심의하는 동안 서로 의사소통을 금지할 것을 제안한다. 이 제안을 문자 그대로 받아들이기는 어렵다. 중요한 법률의 채택에 관한 토론을 하기 전에 혹은 토론하는 동안에 서로 말하는 것을 금지하는 것은 분명 불가능하다. 그런 사례에서 주권자의 활약은 정지를 명하는 것이다. 그러나 파당과 정당의 권력을 제한할 몇 가지 실용적인 대책이 있다. 첫째, 집단 지도자로 추정되는 사람들에게서 자기 집단 성원에 대한 통제력을 박탈하는 투표를 비밀리에 진행할 수 있다. 둘째, 주권자는 그 활동 범위 안에서 공식 회합을 금지하는 엄격한 규칙을 만들 수 있다. 셋째, 각 성원에게 동등하게 발언 시간을 보장하는 것처럼 심의 중에 적용되는 실용적인 처방이 있을 수 있다. 파당들의 고집을 방지하는 것이 가능하든 아니든, 이와 같은 처방을 통해서 그들의 영향력을 최소화할 수 있다고 가정하는 것이 합리적이다. 루소는 이런 방책이 성공하면 할수록 모두의 의지가 일반의지를 확인하는 건전한 토대를 더 많이 제공할 것 같다고 주장한다.

따라서 시민 A, C, D, E가 시민 B를 좌절시키기 위해 서로 연합하여 시민 B의 공식적 행동을 방지하는 경우를 상상할 수 있다. 심지어 그들 모두가 시민 A가 제안한 법률의 변경에서 혜택을 보게 될지라도, 주권체 안에서 공개적으로 그것을 위해 로비하는 연합을 형성할 수는 없다. 그럼에도 그들의 공개적인 협력에 효과적인 제한이 주어지면, 주권체의 회기 동안 법률 변경이 그들에게 혜택을 준다는 결론에 독자적으로 도달하고 시민 B의 반대를 좌절시키기 위해 그들의 개인적 의지를 결합하는 것을 막지 못할 것이다. 만약 이것이 그들의 약간 물질적이거나 분별 있는 욕망을 충족시킬 뿐이라면, '일반'의지의 아주 초라한 묘사처럼 보인다. 따라서 루소는 그 행위를 좀 더 많이 제한하는 주권체가 정당하게 통과시킬 수 있는 법률의 종류에 대해 더욱 중요한 지적을 한다.

> 일반의지가 진정한 일반의지가 되기 위해서는 그 본성뿐만 아니라 그 목적도 일반적이어야만 한다. 그것은 모두에게 유래되어 모두에게 적용되어야만 한다. 그것이 어떤 개별적이고 제한된 목표를 향할 때 그것은 본래의 정확성을 잃게 된다.(SC, II, 4)

따라서 일반의지는 전체 공동체에서 유래된 것은 물론 전체 공동체에 적용되는 법률로 귀결될 수 있을 뿐이다. 실제로 루소는 일반의지의 결정이 개인 혹은 파당 사이의 논쟁에서 판결을 내리거나 국가 전체의 어떤 부분에만 이익이 되는 관심 쟁점을 정밀 조준할 수 없다고 명백히 진술한다(SC, II, 4).

이런 조건의 효과는 주권체가 통과시킬 수 있는 법률의 종류를 제한한다. 예컨대 시민 B의 재산을 박탈하는 것이 명백한 목표인 법률을 통

과시킬 수 없다. 이 경우 설령 주권체의 대다수가 찬성투표를 했을지라
도 법률 뒤의 의지는 부분적일 수 있다. 루소가 말하듯이 이런 상황에
서 불이익을 받는 당사자는 편파적 의지에 굴복했다고, 곧 『사회계약
론』의 조건인 사회질서의 토대가 깨졌다고 느낄 것이다. 그 당사자는
정확히 일반적이라기보다 오히려 부분적인 의지에 의해 지배됨으로써
대가로 약속받은 것을 얻지 못하므로 자신의 자유를 모두에게 넘겨주
기로 한 거래는 무효가 된다.

　따라서 이런 심리적 조건에서 어떤 것들이 주권자가 표명할 정당한
영역으로 간주되는가? 루소는 적절하게도 일반적인 주제에 대한 철저
한 목록을 제공하지 않는다. 이것은 법률의 중요한 특징이 형식적인 측
면, 곧 모두에게서 유래하고 모두에게 적용되는 것이므로 놀랍지 않다.
루소에게 그것을 결정하는 일반의지는 공동체의 궁극적 선을 목표로
하는 것이 틀림없다는 조건이므로 그 법률의 내용은 덜 중요하다. 그러
나 루소가 염두에 둔 것은 사회조직의 더욱 기본적인 원리를 규율하는
근본적인 자연법인 것으로 보인다. 루소는 그런 정치법 혹은 기본법을
뒤(SC, II, 12)에서 계속 언급하며, 이것이 자신의 탐구 주제임을 분명
히 한다. 그 이유를 알려면 개인들이 우선 사회적 협약에 들어가는 이
유부터 상기하는 것이 좋다. 자연상태는 기본적 안전과 생존을 위해 개
인이 필요로 하는 재산 보존 및 자기 노동의 결실을 평화롭게 즐기는
능력에 분명한 위협을 노출한다. 원래 사람들이 사회에서 함께 살기로
결심하는 것은 이런 것들을 보존하기 위해서이므로, 적절히 구성된 사
회질서의 주권자가 이런 것들에 대한 관계를 지시하는 데 유능한 것이
가장 분명하다. 이런 기본적인 필요들의 중요한 특징은 누구나 그것을
향한 다소간 대등한 욕망을 갖고 있다는 점이다. 우리 모두는 그러한
필요가 충족되기를 요구하며, 어떤 사회가 그것을 보장하지 못하면 우

리는 그 사회의 일부로 남아 있을 이유가 없다. 우리가 자연상태로 돌아갈 기회를 갖는 것이 당연하므로 이런 기본적 재화의 보장에 실패한 사회질서에 동의할 이유를 절대 갖지 않는다. 같은 이유로 우리는 언제나 이런 기본적 재화를 보호하고 보존하는 법률에 동의할 이유를 갖게 될 것이다.

이와 같이 이해하면, 주권자의 행위는 실제로 상당히 중요함에도 불구하고 비교적 작은 일련의 쟁점으로 제한될 수 있다. 이런 쟁점을 사회의 근본 원리, 곧 가장 기본적인 필요와 사회적 재화의 공급을 규율하는 법률로 특징 지을 수 있다. 물론 주권자가 스스로 그런 영역에 한정될 외부적 보장책이 없지만, 성원인 시민들의 생명에 관해 어느 정도 해롭지 않고도 전능한 것으로 보일 수 있다고 이해된다. 그런 조건 아래에서 적절히 작동하는 주권체는 특정 개인이나 집단을 특별 대우하지 않을 것이다. 예컨대 주권자가 싫어하거나 꼴사나워하는 특정 시민의 재산을 몰수하기로 결심하면, 일반적인 방식으로 적절하게 행위하는 것이 아니므로 일반의지를 추구할 수 없을 것이다. 주권자 측에서 그런 행위가 용인되거나 전체 국가에서 옹호되면, 그 공동체는 더 이상 루소의 원리 하에 정당하게 질서 잡힌 사회라고 할 수 없다.

앞에서 살펴봤던 시민 A가 제안한 법 개정의 사례로 되돌아가서 그의 법률 초안이 필수적인 종류의 것이라면 시민 A의 이익도 시민 B의 이익도 명백히 배제하는 것이 아니라 전체 공동체가 따를 전반적인 규칙을 제공하도록 입안된 것이다. 더욱이 그런 규칙의 목표는 분명 전체 공동체를 위해 사회질서의 근본 원칙들을 지키거나 증진시키는 것이다. 주권자가 그런 방식으로 행동하고 그 법률이 적절히 만들어지면 시민 B는 아무런 불평도 없을 것이다. 앞에서 언급된 것처럼, 그런 조건 아래에서 계속 저항하면 시민 B는 자기 동료 시민에 의해 그 지배를 따르도록 강제될 것이다. 즉 개인적 이익이나 부분적 이익에 적합하지 않다는 이유만으로 주권자에 의해 통과된 법률을 회피할 수는 없다. 그런 강제가 정당화되는 이유는 그런 강제의 목표가 시민 B가 속한 국가의 근본 원리를 보존하는 것이기 때문이다.

2권 4장의 마지막 몇 개 문단에서 루소는 이런 방향에 따라 움직이는 사회질서의 덕을 칭송한다. 주권체는 모두가 자발적으로 동의한 원리에 따라 구성되고 운영되므로 그 지시는 유일무이하게 정당하다. 그것은 시민의 입장에서 일반적으로 그 법률이 모두에게 동등하게 적용됨을 의미하는 '일반적인 계약의 한계를 넘어선' 권력을 부과할 수 없으므로, 그것은 변덕스럽거나 해롭게 행동할 수 없다. 비록 어떤 개인도 주권자의 계율에 저항할 권리를 보유하지 않지만, 배제된 것이 불확실하고 격렬한 삶에 대한 권리이며 그 대가로 제공된 것은 모두의 이익이 모두의 의회에서 보호받는 안정되고 안전한 환경이므로 이런 거부는 순수한 자유의 의미 있는 상실에 해당되지 않는다. 앞에서 보았듯이, 사회질서의 보편적인 성격이 유지되면 모든 개인적 자유를 주권체에 양도하는 대가로서 각 성원이 '자유를 위해 강제되는' 것이 본질적이다.

일반의지의 식별(IV, 1-2)

주권자의 활동에 관해 주어진 조건에도 불구하고 의견을 달리하는 목소리는 나머지 시민에 의해 일반의지에 일치하도록 강제되어야 한다는 루소의 주장에 대해 여전히 약간의 불편함을 느낄 수 있다. 그렇지만 주권자가 적절히 제도화되고 주권자에 의해 만들어진 법률이 본질상 적절히 일반적인 한, 루소가 그런 강력한 입장이 언제나 정당하다고 느끼고 있음에는 의심할 여지가 없다. 4권의 처음 두 장에서 루소는 일반의지의 본성과 그것이 주권자에 의해 어떻게 결정되고 적용되는지와 관련된 이익에 대해 많은 것을 말한다. 그 쟁점에 대해 루소는 그런 강제가 『사회계약론』의 국가에서는 각 개인이 거기에 들어가기 이전과 마찬가지로 자유로워야 한다는 요구 조건을 좌절시킨다는 우려를 직접적으로 언급한다. 거기에 루소의 답변이 비교적 자세히 나오므로 다음 구절들은 간단히 우회할 수 있을 것이다. 루소는 이 문제에 대해 다음과 같이 틀을 짠다. "반대하는 소수가 동의하지 않는 법률에 복종하면서도 어떻게 자유로울 수 있을까?"(SC, IV, 2). 그 대답의 일부는 이미 주어져 있다. 즉 주권자가 올바르게 행동하면 개인이 동의할 충분한 이유를 갖지 못하는 경우는 절대 있을 수 없다. 따라서 그들의 반대는 개별의지가 전체 공동체의 의지를 넘어서는 오해 아니면 악의 아니면 잘못된 욕구에 기초한 것이다.

해명하는 구절에서 루소는 주권자인 유권자 개개인을 위한 적절한 고려 사항들을 개관함으로써 어떻게 이것이 작동하는지에 관한 약간의 암시를 제공한다. 주권체의 회기에서 어떤 제안이 제기될 때, 개별 성원은 특정 제안을 승인하거나 불승인하기보다 오히려 그런 제안이 일반의지에 대한 자신의 이해와 일치하는지 아닌지에 비중을 두고 평가한다. 토론이 끝난 후에는 투표 자체가 직접적으로 "일반의지의 선언을 표명한다"(SC, IV, 2). 이것은 어떤 반대자들이 단순히 사실 문제에 대해 오해했다고 결론 내려야 하는 것이 그 문제에 대한 최종 판정이다. 즉 그들은 그 제안에 반대하는 것이 일반의지를 따르는 것이라고 생각했지만 사실 일반의지를 제대로 이해했다면 그 제안을 받아들이는 것이 맞다. 따라서 이는 다수가 지배했다는 것을 증명할 뿐이다. 그런 사례에서 훌륭한 시민은 자기 잘못을 인식할 것이며, 주권자가 다른 방법으로 지배했다는 점에 감사할 것이다. 그렇게 하는 데에 실패하면 국가가 그들의 순응을 강제하는 것이 정당화된다.

　이런 문제 상태가 설득력을 가지려면 주권자는 일반의지가 무엇인지 식별하는 것과 일반의지에 일치하도록 행동하는 것에 극도로 신뢰할 만한 도구가 되어야만 한다. 만약 이것이 현재 상황과 맞지 않으면 개인이 자신의 모든 권리를 그런 조직체에 넘겨줄 훌륭한 이유가 되는지 여부를 의심해야 한다. 그러나 주권자 의회가 정직하게 적절한 주의를 기울인 후에도 공동체를 위한 최선의 경로가 무엇인지 진단하지 못한다면 어떤 일이 일어날까? 시민들은 일반의지를 정확히 끌어내려고 노력하고 올바른 정책을 채택한다고 생각했지만 실제로는 비참하고 부정적인 효과를 지닌 법률을 선택할지도 모른다. 이것은 완전히 그럴듯한 각본으로 보일 수 있겠지만, 루소는 실제로 공동체의 정확한 행동 경로를 개관한 조건 아래에서 곧바로 분명해질 상당한 확신을 갖고 있다. 4권의 처음 두 장에서 루소는 이런 낙관론을 분명히 하는 일반의지에 관한 일련의 설명을 덧붙인다.

> 몇몇 사람이 함께 모여 스스로 한 몸으로 여기는 한, 그들은 공동의 보존과 전반적 복지로 향하는 오직 단일한 의지를 갖고 있다. 그러면 국가의 모든 활기찬 세력이 힘이 넘치고 단순하며 (…) 공동선은 그 자체가 분명히 드러나게 함으로써 그것을 식별하는 데는 단지 상식이 필요할 뿐이다.(SC, IV, 1)

　루소는 왜 이런 문제가 매우 선명하고 오류의 가능성이 그토록 없다고 생각하는가? 앞으로 보게 되듯이, 이런 설명은 2권에서의 루소 주장과 약간 모순되는 것으로, 뒤에서 보게 될 인자한 입법가의 지도력의 필요에 관한 것이다. 그러나 그보다 앞서 적절하게 구성된 주권의회는 명백하고 분명한 일반의지의 계율을 발견하는 경향이 있다는 루소의 낙관론에는 몇 가지 이유가 있다.

첫 번째는 성숙하지 않은, 문명 이전 상태에서 사람들이 지닌 자연적 선함에 대한 루소의 친숙한 강조다. 상기하자면 루소에게 그것은 근본적으로 사람들이 자기 보존과 동정심을 향한 건전한 본능에서 벗어나게 하는 불완전하게 구성된 사회의 행위다. 해로운 이기심의 왜곡된 충동이 없을 때 사람들은 일반적으로 사회적 지위를 유지해야 한다는 필요에서 벗어나서 자기에게 좋고 건전한 것을 인식한다. 사람들은 『사회계약론』의 조건 아래 적절히 질서가 잡힌 사회에서 이런 호의적이고 혼란스럽지 않은 성향을 자유롭게 유지한다. 루소가 즐겨 주장하는 것처럼, 주권자의 성원인 한 시민으로서 각 개인은 단일한 의지 총체의 구성 부분이 된다. 추상적인 총체의 하나로서 각 개인이 자신의 신체에 필요한 것에 대한 분명한 시각을 갖는 것과 마찬가지로 주권자는 국가를 유지하고 인도하기 위해 필요한 것에 대한 분명한 시각을 갖는다. 더 나아가 루소는 가장 단순한 지성이 성공적인 자기 보존을 위한 최상의 경로를 향한 자연적 본능을 유지하는 데 최고라고 주장한다. '정직하고 단순한 사람'은 전복시킬 수 있는 자기 결핍과 필요에서 충분히 복잡하지 않기 때문에 속이거나 농락하기가 가장 어렵다. 『사회계약론』에 나오는 사회는 이런 단순하고 직접적인 선함을 존중하며, 그런 주권체 내에서 행동하는 이상적인 시민들의 매개를 통하여 전체 공동체의 일반의지를 식별한다.

여기서 다시 한번 루소는 인간의 자연적 선함과 전체 공동체에 좋은 것을 파악하는 타고난 능력에 대해 지나치게 낙관적이라는 느낌을 준다. 이 책의 앞부분에서 논의된 심리적 고려는 별 문제로 하고, 그 대부분이 논쟁이라기보다는 오히려 사실 문제로 서술된 것은 제외하고, 단순하고 교육받지 않은 대중이 공동선의 최고 심판자이며 더욱 세련된

사람은 오히려 길을 잃고 헤매기 쉽다는 그의 의견에 동조해야만 하는
가? 루소는 자기 견해를 뒷받침하는 증거를 많이 제공하지 않는 대신
에, 우리가 그런 직관적으로 터무니없는 제안을 찾는 이유는 순진, 솔
직, 정직의 특성이 평가받지 못하는 불완전한 사회에서 사는 것에 익숙
하기 때문이라고 말한다. 그토록 오랫동안 자신의 개인적 욕망과 계획
을 지키고 추구하도록 고취되었으므로 적절한 일반의지에 대한 우리의
인식은 어렴풋하다. 루소는 소박하고 대의적인 사회는 일반의지의 타
락에 저항하기에 더 유리하다는 이런 생각을 지지하여 당시의 정치체
제 가운데 자신이 옹호하는 이상국가에 가장 가까운 제네바와 베른과
같은 도시는 크롬웰과 같은 독재자를 결코 용납하지 않았으리라고 주
장한다. 즉 런던이나 파리와 같은 범죄 소굴의 세련됨은 구변이 좋은
악당이 권력의 고삐를 장악하게 하고 공동선을 시야에서 사라지게 할
수 있다.

　이런 주장은 오히려 그 자체를 약하게 하는 것으로 보이지만, 루소가
활용하는 더욱 전반적인 고찰을 암시한다. 루소는 시종일관 자연보다
는 오히려 사회가 개인의 도덕적 인격을 형성한다고 주장하고 싶어 한
다. 나쁘게 운영되는 사회에서 개인은 파괴적인 행위 양상을 지향하는
경향이 있으며, 올바르게 운영되는 사회에서 개인은 풍성해질 수 있다.
마음이 맞는 개인들이 모인 협력체가 일반의지를 성공적으로 간단히
식별하고 그에 따라 행동한다고 믿기 힘든 이유는 우리가 불완전하게
구성된 정치질서 속에서 살아서 그런 일을 절대 본 적이 없기 때문이
다. 정당한 사회 틀과 루소가 사람들이 지니고 있다고 말한 심리학에
따르면, 적어도 시민들의 도덕성은 일반의지와 일치하는 행위 동기를
우리의 행위 동기보다 훨씬 더 우선시하는 수준으로까지 발전할 수 있
을 것 같다. 우리가 믿기를 요청받은 푸딩의 존재를 증명하는 길은 바

로 푸딩을 먹는 것이다.

　이런 구상의 타당성은, 주권자 심의의 신뢰도가 여기에 달려 있으므로, 적어도 부분적으로 인간 본성과 우리에게 좋은 것에 대한 타고난 지식에 관한 루소의 초기 주장의 타당성에 의존한다. 이런 생각이 모호하다는 사실을 알게 되면 전체 정치체제가 어느 것도 확신시킨다고 보지 못할 것 같다. 그러나 설령 우리가 루소에게 순진하고 미성숙한 인간 본성은 주권체가 일반의지에 관하여 올바른 방향을 가리키는 경향이 있음을 인정할지라도 여전히 약간의 제한이 주어져야 한다. 심지어 가장 낙관적일 때조차 루소는 이상국가의 시민들이 일반의지의 식별에서 결코 오류를 저지르지 않는다고 주장하지 않으므로, 주권자의 심의에서 투박한 부분을 없애버리는 어떤 추출 기제가 있어야 한다. 앞에서 우리는 이미 만장일치가 일반의지를 반영하는 결정에 언제나 나타날 필요가 있다는 견해를 거부했다. 루소에 따르면, 완전한 동의에 언제나 필요한 유일한 행위는 사회계약에 참여하는 최초의 협약이며, 일단 이런 과업에 돌입하면 다수가 의회 안에서 얻게 되는 확정적인 법률의 목적으로 충분하다. 그러나 앞에서 개관한 조건이 충족된 것으로 전제하여 투표가 만장일치에 가까워질수록 주권자의 결정도 일반의지에 더욱 가깝게 일치할 것이다. 덧붙여 말하자면, 더욱 중요하거나 곤란한 쟁점일수록 주권자가 그 결정이 일반의지와 일치한다는 확신을 갖기 위해서는 더 많은 다수가 필요할 것이다. 결국 뒤에서 보게 되듯이, 루소는 자기 지침에 따라 형성된 모든 사회가 대등하게 일반의지의 신뢰할 만한 전망의 산출에 성공할 것이며, 그런 사회구조가 주권자의 인식 능력을 상대적으로 약하게 하면 다수가 다시 한번 더 크게 상응해야 한다고 결코 생각하지 않는다.

　루소에게 이런 '오류 확산' 전략은 설령 모든 시민의 강요된 동의를

보장하기에 충분할 만큼 전반적으로 좋을지라도 일반의지의 명령 수행
이 불완전한 것임을 나타낸다. 실제로 루소 자신이 때때로 적절하게 구
성된 사회는 언제나 일반의지를 해득할 수 있다는 매우 확실한 신념과,
인간 본성의 타락이 그런 인식을 드물고 별난 것으로 만든다는 다소 체
념한 비관론 사이에서 동요하는 것처럼 보인다.[9] 주권자의 신뢰도에 대
한 지금까지의 논쟁의 취약점이 드러나면 아마도 전자보다 오히려 후
자의 주장에 동감할 것 같다. 루소의 표현을 받아들이는 데 익숙해지기
전에 주권자가 모두를 위한 공동선을 식별하는 방법을 알려주는 데 더
많은 것이 필요하다고 생각할 수 있다. 실제로 비관적인 순간에 루소는
자기 이론의 이런 측면을 뒷받침하려고 두 가지 생각으로 더 나아간다.
첫째, 국가의 성원들은 주저 없이 스스로를 공유된 기획의 일부로 바라
보아야 한다. 이것은 문화와 인구통계의 문제이며, 모든 국가가 필수적
인 동질성이나 공통된 정신을 달성할 수 있는 것은 아니다. 둘째, 주권
체의 오류는 올바른 방향으로 자극하기 위한 길잡이 손을 필요로 한다.
여기서 길잡이 손이란 루소의 많은 독자를 혼동시키고 여전히 큰 논쟁
거리가 되는 입법가라는 불가사의한 인물이다. 뒤에서 적절한 때에 두
제안을 살펴볼 것이다.

　그렇지만 이에 앞서서 지금까지 주권자에 대한 루소의 묘사에 대해
한 가지 더 우려스러운 점을 고려할 필요가 있다. 당분간 적절히 구성
된 공동체에서 주권자는 일반의지의 계율을 신뢰할 만하게 해득할 수
있음을 받아들이도록 하자. 그러면 주권체의 성원들이 일반의지와 일
치된 입법화를 거부하지 못하게 막는 것은 무엇인가? 비록 그들이 올
바른 행위 경로가 전체 공동체를 위한 것이며 그것이 수행되면 결국에

9　SC. I, 7 가운데 다섯 번째 문단 및 SC. II, 6의 특히 마지막 문단을 참조하라.

는 모두가 혜택을 볼 것이라고 알 수 있을지라도, 이기적인 성원들이 자신의 편파적인 이익을 위해 투표하는 것을 막는 어떤 제재가 존재하는가? 그 답변으로서 그런 제재는 없다. 주권체에 대한 감시자 혹은 일반의지가 존중받지 않는 사례에서 각 개인이 소유하는 일련의 유보된 권리는 없다. 그러나 일반의지를 고의로 무시하는 어떤 주권도 정당성을 갖지 못하게 되며, 그 사회는 이미 거부된 불완전하게 구성된 정치모델 형태로 되돌아갈 것이다.

여기에 대한 루소의 생각은 다음과 같이 진행될 것이다. 즉 개인들이 공정한 정치결사를 형성할 수 있는 한 가지 방식이 있다. 이것을 하려면 자기의 개인적 자유를 전체 공동체에 양도해야 하고 그 법률은 모든 성원의 주권자 의회에서 공포된다. 바로 그 본성과 헌법에 의해서 주권자는 각 성원이 자유롭게 공동으로 설치하는 결사의 근본 원리를 규정하는 것 이상의 아무런 기능도 갖지 않는다. 이렇게 하는 한, 각 시민은 건전하고 호의적인 시민적 자유의 수혜자가 될 것이며 국가에 의해 제공되는 안전을 즐기는 동안 진정으로 자유롭게 지낼 것이다. 그러나 주권자가 일반의지를 존중하는 데 조직적으로 실패하면 이런 시민적 자유는 사라지고 사회질서는 사실상 사회계약에 의해 통치되지 못하고 최강자의 지배 유형으로 타락될 것이다. 주권자는 국가 법률의 최고 입안자이므로 이런 일을 방지할 책임이 있는 독립 기관이 절대 있을 수 없다. 더욱이 사람들에게 더 좋은 삶의 양식이 주어지며, 모든 것을 거부하고 욕심 많은 편파적 대안으로 돌아가는 선택을 방지할 매우 많은 일이 있을 뿐이다. 주권체 안의 다수가 충분한 공동체 의식을 지니고 일반의지를 존중하여 공동체의 목표보다 개인의 목표를 우선시하는 사람들을 투표로 좌절시키는 한, 사회는 보존될 것이다.

따라서 루소에 따르면 주권자는 자기 규율을 하는 실체다. 즉 주권자가 정당하게 행동하든 아니든, 또 사회가 번영하든 아니든 그 활동을 감독하는 외부 조직은 없다. 그렇지 않으면 사회계약의 실험은 실패한 것이다. 루소가 4권에서 투표에 관한 구절의 끝에서 말한 것과 같다.

> 이런 [선거제는] 일반의지의 모든 특징이 여전히 다수에서 발견되는 것을 전제로 함이 사실이다. 이런 특징이 거기에 존재하지 않는다면 사람들이 어떤 입장을 채택할지라도 이제는 어떤 자유도 존재하지 않는다.(SC, IV, 2)

그 상황에 대한 이런 유감스러운 진술은 약간 부적절함을 넘어서는 것으로 보인다. 루소의 사회계약 당사자가 되는지 아닌지를 평가할 때 외부에 호소할 곳이 없을 경우 주권체가 억압적이거나 부정의한 권력 도구로 전락할까 봐 불안을 느끼는 것이 합리적이다. 그들에게 반발하거나 이의를 제기하는 권리조차 주어지지 않으면, 주권자가 공동선에 직접 개입하지 않거나 그렇게 무분별해 보이는 조직체에 자기의 모든 자연적 자유를 양도하는 것이 훨씬 더 위험하다고 다시 확신하게 될 것 같다. 루소는 적어도 더욱 비관적인 순간에 이런 우려를 공유하는 것으로 보인다. 앞에서 지적한 것처럼 루소는 이런 협약이 더욱 합리적으로 보이도록 이어지는 움직임을 보이는데, 그 가운데 첫째는 입법가의 특성을 소개하는 것이다.

법률(5-6)

4권으로 우회한 뒤에 이제 2권에서 멈춘 곳으로 되돌아간다. 루소는 주권의 본성에 관한 한계를 정하고 입법체로서 그 역할을 분명히 한 뒤에 법률 자체의 본성에 주의를 돌린다. 국가는 진정으로 선의의 기구임을 다시 확신하려는 독자에게는 도움이 되지 않게 루소의 첫 번째 주장은 공동체의 권리로서 공동체의 법률을 무시하는 사람들에게 죽음의 형벌을 부과한다. 시시때때로 빠지기 쉬운 도발적으로 차가운 용어로 루소는 그 상황을 다음과 같이 표명한다.

> 만약 군주가 [시민에게] "당신이 죽는 것이 국가에 필요하다"라고 말하면, 그는 마땅히 죽어야 한다. 왜냐하면 (…) 그의 생명은 더 이상 자연의 혜택이 아닌 국가로부터 조건부로 받은 선물이기 때문이다.(SC, II, 5)

이 점에서 자유주의 비평가는 패배를 인정하고 절망에 빠질 수도 있다. 국가의 목적 자체는 생명을 보존하는 것이 아닌가? 만약 개인이 아무런 불이익 없이 자유를 앗아갈 조직에 자신의 자유를 양도하면, 어떤 의미에서 사회계약에 들어가기 이전과 마찬가지로 자유롭다고 생각할 수 있는가?

루소는 적어도 자신의 입장이 때때로 논쟁거리를 부여하는 경향이 있는 피상적인 정당화 이상을 요구한다고 인정하는 것으로 보인다. 루소는 사람이 애초에 갖지 않은 권리를 국가에 양도할 수는 없다는 반격으로 논의를 시작한다. 루소 시대에는 생명이 신으로부터 부여받은 선물이므로 자기 생명에 대해 어떤 권리도 없음이 일반적으로 인정되었다. 그래서 개인이 자기 생명에 대해 어떤 권리도 없다면, 이를 어떻게 국가에 양도할 수 있는가? 이 점은 설령 그런 행위가 전반적으로 비난받고 반대받을지라도 근대 세계에서는 개인이 자신의 생명에 대해 권리를 갖지 못한다는 사실이 많은 사람에게는 덜 분명해 보였으므로 루소 시대보다는 오늘날 더 설득력이 적을 것이다. 그러나 루소는 (이론상 국가에 양도될 수 있는) 자살에 대한 자연권을 개인에게 귀속시키는 것이 아니라 자연상태에서 문명상태로 넘어갈 때 죽음의 위협을 개인이 감당하는 것이 합리적이라는 주장으로 인해 반대에 직면한다. 나의 생명이 (위험한 자연상태에서 자유롭게 돌아다닐 수 있는) 살인자에 의해 위험에 처할 가능성을 제거하고 싶다고 가정해보라. 그런 토대 위에서 내 생명을 살인자로부터 벗어나게 해주겠다는 약속하에 문명사회로 들어간다. 만약 그때 나 자신이 혼자라면, 내 생명이 결과적으로 박탈되어도 어떤 불평도 할 수 없을 것이다. 사회계약의 당사자가 될 때, 우선 나를 거기로 끌어당긴 엄중한 규칙의 희생자가 될 수 있는 위험에 맞서게 된다. 그러나 죽음의 위험은 자연상태보다 문명사회에서 훨씬 더 낮기 때문에 여전히 도박을 시도할 가치가 있다.

이제 루소는 설령 위반의 벌칙이 원래 그들에게 부과될지라도 사회의 혜택을 얻기를 원하는 개인은 사회의 규칙을 지켜야 한다고 확실히 당당하게 말한다. 그러나 중대한 처벌을 위험으로 받아들이는 것이 언제나 합리적인 결과라는 결론이 뒤따르는 것은 아니다. 만약 살인자들을 사회에서 제거하는 유일한 방법이 그들이 발견될 때마다 처형하는 것이라면 루소의 주장이 어느 정도 설득력을 가질 수 있다. 그러나 사회가 중대한 처벌에 의지하지 않고 살인자에 맞서 전반적으로 보호할 수 있다면, 국가에 의해 살해되는 위험을 감당하는 것은 불합리하다. (루소에 따르면) 사회계약에 의하여 내 생명권을 국가에 양도하는 것은 아니므로, 중대한 처벌의 정당성은 실용적인 문제가 된다. 즉 시민들을 죽이는 권리를 갖는 국가의 호의적인 보호권을 유지하기 위해 필요하다면, 그런 보호와 교환으로 국가가 제재하는 처형의 위협을 받아들이는 것이 합리적 선택이다. 그러나 이런 내용은 본문에서 명백히 주장되기보다는 은근히 암시된다. 국가가 적어도 이런 주장에 대한 더 많은 이유 없이 전체 인구의 안전을 유지하기 위하여 그 시민을 처형하는 권력을 필요로 한다는 것에 우리는 대단히 회의적일 수 있다.

사형에 찬성하는 루소의 두 번째 주장은 약간 다르다. 어떤 개인이 주권자가 공식화한 법률을 침해하면, 사회계약의 협약을 깨뜨린 것으로 이해된다. 그럼으로써 그는 국가의 경계를 벗어난 것이므로 외부 존재로 다뤄져야 한다. 루소는 범죄 행위의 엄정함에 의존하여 그가 추방되거나 처형되어야 한다고 권고한다. 같은 장의 뒤에서 루소의 논조는 약간 완화되는 것으로 보이고, 그는 국가에 의한 그런 권력의 빈번한 사용은 허약함이나 방종을 나타내며, 주권자의 판결에 대한 반대를 해결할 덜 혹독한 방법이 있으면 어떤 사람도 죽음에 처하면 안 된다고 주장한다. 그럼에도 불구하고 루소는 독자에게 개인의 생명을 합법적으로 취할 정도에 이르기까지 개인에 대한 국가권력이 완전하다는 것에 어떤 의구심도 남기지 않는다.

이 점에 대한 루소의 주장은 약간 혼란스럽다. 지금까지 우리는 주권자의 권력에 대해 생각해왔다. 앞에서 본 것처럼, 이런 주권체는 국가의 기본 방향과 원리를 다스리는 전반적인 성질을 지닌 법률을 통과시킬 책임을 진다. 실질적인 처형의 집행이 이것(처벌을 위한 한 명의 개인 혹은 집단의 선별)과 양립할 수 없다면, 주권자가 이런 부담을 수행할 수 없다. 실제로 루소는 주권체가 중대한 처벌의 본보기로 스스로 집행할 수 없고, 대신에 그 기능이 정부의 하위 차원으로 내려가야 한다고 주장한다. 아직까지 우리는 주권자를 벗어난 다른 권력 기구에 대해 거의 알지 못하며, 여기서 루소가 이런 쟁점을 끼워 넣은 이유가 약간 불분명하다. 더욱이 중대한 처벌 문제는 좀 더 폭넓은 설명 구도에서 어쩐지 장황한 것으로 보인다. 따라서 표면상 루소가 말한 모든 것은 나아가 국가 처벌로서의 살인을 선언한 사회와 양립 가능한 것처럼 정당화될 것이다. 그와 같이 여기서 루소의 주장은 근거가 박약하며, 그의 전반적인 구도의 수용 가능성을 진전시키는 것은 전혀 없다고 느낄 수 있다. 만약 무언가가 있다면, 거의 보람이 없는 루소의 전반적인 기획의 개연성을 침해하는 것 같으므로, 더 큰 구도에서 어떤 방식이든 중요하다고 간주하지 말아야 한다.

다행히도 루소는 다음 장에서 더욱 친숙한 분야로 움직인다. 루소는 다시 한번 사회협약과 그것이 발생시킨 사회질서를 설명한 뒤에 그것 자체를 보존하기 위해 통과시켜야 할 법률에 관해 약간 더 많은 제안을 한다. 루소는 '자연법' 개념에서 시작한다. 이것은 사물의 고유한 정의로서 이성의 적용이나 신의 의지에 대한 지식에 의해 인식할 수 있는 개념이다. 그런 법률의 전통에 따르면 어떤 법률이 다소간 정당화될 수 있는 것은 그 권력이 유래되는, 저변에 깔린 자연 질서에 얼마나 긴밀히 합치하는지에 달려 있다. 루소는 여기 첫 번째 부분을 논쟁하지 않고, 신성한 창조자가 모든 자연법의 근원이라는 점, 이성 덕분에 사람들이 자연법에 일치되게 행동할 수 있다는 점을 기쁘게 받아들인다. 그럼에도 불구하고 루소는 형식에 충실하여 대다수 사람들이 어떤 규칙성을 지닌 그런 계율을 따르리라고 믿지 않는다. 만약 그들이 따른다면 의심의 여지 없이 자연상태는 선량한 곳으로 남고 문명사회의 필요성은 제거된다. 희생을 무릅쓰고도 상당한 권력을 얻지 못할 사람들이 자신을 둘러싸고 있으므로 사실상 자연상태에서 합법적인 경로를 따르는 개인에게는 아무런 이득이 없을 것이다.

문명사회의 이런 상황이 가져다주는 커다란 혜택은 법에 복종하는 모든 사람이 그것의 창조자라는 점이다. 주권 과정에 참여함으로써 공동체의 각 성원이 법률 제정에 참여하게 되며, 국가의 한 부분으로서 각 성원도 그 법에 복종한다. 모두가 문명사회로 자유롭게 계약하고 거기에 참여하기 때문에, 모두가 주권자의 행위에 나타나는 법률적 틀에 정당하게 구속된다. 앞에서 이미 보았듯이 일반의지를 정당하게 반영하는 이런 법률을 국가 전체에 적용시켜야 하고, 국가 내의 개인이나 특정 집단을 배제하면 안 된다. 약간 복잡한 문단에서 루소는 전체 공동체와 다른 명확한 목표를 지닌 편파적인 법률의 문제를 면밀히 검토한다. 어떤 법률의 특정한 목표는 국가의 경계를 벗어난 것이거나 국가 안의 것이다. 만약 그 목표가 국가를 벗어난 실체(곧 외부 권력)라면, 일반의지는 단지 모두로부터 나오고 모두에게 적용될 뿐이며 공동체 생활에 아무런 역할도 하지 못하는 요소에서 나올 수 없으므로 일반의지는 그것에 대해 아무 말도 하지 않는다. 반면에 그 목표가 국가 내부(곧 교사나 농부와 같은 공통점을 지닌 특정 집단의 시민들)에 있으면, 국가는 내부에서 분리되고 일반의지는 다시 한번 모두로부터 유래되지 않고 모두에게 적절히 적용될 수 없다.

그러나 법률이 언제나 국가 안의 모든 시민을 위하여 동등한 지분을 필요로 하는 것은 아니다. 루소는 법률 통과의 결과로서 특정 개인이나 집단이 손해나 혜택을 절대 받지 않으리라고 주장하지 않는다. 그런 일은 터무니없을 것이다. 실제로 루소는 법률 효과가 일정한 특권을 규정하거나 특정 사회계층과 그런 계층에 들어가기에 필요한 속성을 확립할 수 있음을 인정한다. 법률이 할 수 없는 것은 단지 그들이 누구냐에 의해서 개인이나 집단이 그러저러한 방식으로 다뤄져야 한다고 열거하는 것이다. 따라서 공동체의 전체 성원에게 적용되는 법률이 통과되지만, 농부나 교사의 지위 향상과 그들에게만 적용되는 결과를 뚜렷이 목표로 하는 법률은 통과될 수 없다.

앞에서 이미 이런 종류의 법률에서조차 부정의의 가능성에 대한 약간의 우려를 제기했다. 루소는 적절히 구성된 주권자가 불필요하게 국가의 시민 어느 누구에게든 해를 끼치는 법률을 절대 통과시킬 수 없다고 주장하면서 신체의 비유를 즐겨 사용한다. 루소는 사회계약에 의해 창출된 정치결사가 국가의 모든 성원을 단일 의지체로 결속하고, 누구도 자기 신체에 해를 입기를 바라지 않듯이 정치체 역시 스스로를 해치지 않을 것이라 주장한다. 그러나 루소가 때때로 이렇게 생각하는 것처럼 보일 때조차, 이런 유추가 사물이 최상으로 작동하도록 보장하지는 않는다. 주목할 만한 구절에서 루소는 일반의지의 분별에 대한 논의에서 일찍이 제기된 반대 일부를 표명하며, 그것들이 전적으로 유효함을 인정하는 것으로 보인다.

> 무엇이 좋은 것인지 거의 알지 못하므로 종종 자기가 원하는 게 무엇인지 알지 못하는 눈먼 대중이 어떻게 입법체계와 같이 방대하고 어려운 작업을 스스로 수행할 수 있는가? (…) 일반의지는 언제나 옳지만, 일반의지를 이끄는 판단이 언제나 명확하지는 않다. (…) 개인은 선을 알고 그것을 거부하며, 대중은 선을 원하되 그것을 알지 못한다.(SC, II, 6)

이것이 가장 비관적인 루소의 견해다. 일단 이런 관심이 제기되면 주권자의 자기 규율의 본성에 관하여 그 이상을 상세히 설명하길 기대할 수 있을 것이다. 그러나 그 대신에 루소는 아주 다른 움직임을 보여준다.

> 양자(개인과 대중)는 동등하게 지도를 필요로 한다. 개인은 자기 의지를 억지로 이성에 복종시켜야 하며, 대중은 자기가 원하는 것을 인식하도록 가르쳐야 한다. (…) 여기에 입법가의 필요성이 있다.(SC, II, 6)

이것은 전적으로 새로운 것이다. 이제 이런 친숙하지 않은 요소를 혼합해 소개함으로써 루소가 의도하는 바를 알아보고 지금까지 고찰한 주권자의 신뢰 문제가 해결되었는지를 살펴볼 것이다.

입법가(7, 12)

루소는 보통 사람들에게 일반의지가 희미하고 불분명하기 때문에 사회 규칙을 발견하기 위해서는 다수가 최고의 지성, 곧 분명한 통찰력과 분별력을 갖춘 사람에 의해 지도받을 필요가 있다고 주장한다. 그런 사람에게 필요한 자질은 정말로 비범하다. 즉 인간의 정서와 욕망에 굴복하는 대신 이를 이해해야 하고, 본인의 행복에 무관심한 반면에 대중의 행복에 관심을 가져야 하며, 인간 본성에 전적으로 정통하지만 그것에 의해 타락하지 않아야 한다.[10] 이런 자질은 외계인이나 신만이 가질 수 있는 것처럼 보인다. 실제로 루소는 입법가와 그의 사명에 관해 신성과 같은 것이 있다고 생각했다. 적어도 입법가는 예외적인 인물이며, 공동체를 위한 최선의 경로를 인식할 수 있는 독특한 천재다. 입법가는 그런 사회의 창시자로서 공동체를 안정된 미래를 향한 궤도에 올려놓는 이상을 지닌 독창적인 사람으로 묘사되며, 그 없이는 불평등에서 평등으로의 이행이 결국 실패하게 된다.

따라서 입법가는 지금까지 루소가 내세운 주장에서 이상야릇한 이탈로 보인다. 이전에 루소는 자신의 정치질서가 자유와 평등의 약속을 담고 있음을 보여주면서 제도 자체(국가와 주권자)가 적절하게 규정된 방식대로 작동하는 것만이 유일하게 필요한 조건이라고 주장하는 듯했다. 이런 전망을 위하여 루소가 제시한 정당화는 전반적으로 인간 본성이 사회계약과 그 결과로 생기는 조직들이 사람들에게 스스로 불평등과 압제로부터 벗어난 정치체제를 구성할 수 있게 하는 방향을 따라 이

---

10 원문에 여성이 입법가가 되는 것을 금지하는 내용은 없지만 여기서는 루소가 사용한 남성 명사를 그대로 따를 것이다.

루어지게 되었다. 그러나 이제 외부의 힘을 부과하는 것이 필요하고 이
힘은 외관상 극도로 이상해 보인다. 루소는 이런 명백한 어려움을 인식
한다. 위대한 군주조차 드물다면 입법가는 얼마나 더 희귀할지 루소는
자문해본다. 그러나 입법가가 그토록 희귀한 이유는 그의 과업이 최고
로 중대하기 때문이다. 입법가의 과업은 인민이 번영하고 발전하기에
필요한 자질을 인민에게 부여하는 것이다. 개인들이 자연상태의 분쟁
에서 문명사회로 움직이게 할 수 있는 자는 입법가다. 이것을 하려면
입법가는 먼저 모든 개인이 현재 지닌 권력을 박탈하고 사회계약의 사
회를 채택하여 유지하기에 필요한 기술로 재배치해야 한다. 따라서 본
질상 입법가의 과업은 올바른 제도적 배치가 이뤄질 때 일반의지를 식
별하고 그에 기반해 행동하도록 인민을 형성하고 구체화하는 데 있다.
입법가의 행위 없이는 자연상태에서 이상사회로의 지속적인 변천이 있
을 수 없다.

　입법가의 능력과 역할을 보면 아마도 그가 사회의 우두머리라고 가
정함이 자연스러울 것이다. 그러나 이는 루소의 정치 구도에서 주권이
최상의 권위라는 초기 주장에 반대될 것이다. 그래서 입법가는 루소의
제도적 틀에서 약간 독특한 지위를 차지한다. 자기 이름에도 불구하고
입법가는 자기가 만든 어떤 법률(물론 드물긴 하지만 개인의지에서 비
롯된 편파적인 법률들)도 통과시킬 수 없다. 입법가는 그 사회의 헌법
에서 어떤 특별한 지위도 없으며, 국가의 다른 성원들에게 어떤 특별한
제재를 내리지도 못한다. 그러한 인물의 예로서 루소는 자기 동료 시민
들에게 법을 부여하기 위해 군주로서의 기능을 포기한 것으로 알려진
고대 스파르타의 지배자인 리쿠르고스(Lycurgus)를 인용한다. 루소에
따르면 주권자와 입법가의 권력을 동일한 사람에게 주는 것은 재앙이
되므로 두 기능은 전적으로 분리되어 유지되어야 한다.

그러면 입법가가 실제로 하는 것은 무엇인가? 입법가의 핵심 과업은 법률의 '틀을 잡고' 그것이 통과시키는 결정이 지혜롭고 유효하도록 주권자를 인도하는 것이다. 그러나 이것을 행하는 방식은 약간 이상하다. 루소는 국가의 잠재적 시민들이 사리에 맞는 토론을 통해 일련의 적합한 태도와 규범을 채택하도록 설득할 수 있으리라고 주장한다. 문명사회가 도래하고 계몽된 시민적 자유가 효과를 발휘하기 이전에는 대다수 사람이 입법가의 잠재적인 주장의 미묘함을 희미하게 인식할 수 있을 뿐이기 때문이다. 입법가가 이성을 통해 다수 대중의 행위를 규정하려는 시도는 박식한 현인이 학회의 전문 용어로 교육받지 못한 군중에게 말하는 것만큼 무의미하여 그의 주장은 단지 사라질 뿐이다. 입법가가 자기 목적을 달성하기 위해 힘을 사용할 수는 있겠지만, 우리는 입법가 자신이 직접 법률을 통과시킬 수 없음을 이미 알고 있다. 따라서 입법가는 간접적인 기제와 어떤 방식의 '확신 없는 설득'을 경유하여 인민이 적절한 태도와 사회 정신을 취하도록 독려해야 한다.

그러면 본질적으로 대부분의 인구가 입법가의 말에 담긴 진실을 공공연히 강요받지 않고도 입법가가 제안한 법률적 틀의 지혜와 신중함을 알게 된다. 여기에서 루소가 의도하는 바를 알려면 다른 불분명한 설득 수단이 어떻게 작동하는지를 생각해야 한다. 예컨대 극장에서 영화는 종종 '메시지', 곧 그것이 만들고자 하는 도덕적 주장을 포함한다. 그러나 그런 영화는 대개 전제가 참이니 결론도 참이라고 주장하지 않는다. 그 대신에 숙련된 감독은 정확한 지점에서 정서적 반응을 일으킴으로써 그들의 도덕적 메시지가 분명히 보이게 만들 것이다. 청중은 그 도덕적 메시지가 올바르다고 생각하고, 좀 더 긴밀히 거기에 맞추어 살기로 결심하면서 극장을 떠나겠지만, 가공되지 않은 본래의 주장은 뚜렷이 생각하지 않고 그 진실을 공개적으로 인정하지도 않는다.

음악과 연극 및 문학에서도 유사하게 같은 효과를 볼 수 있다. 즉 디킨스(Charles Dickens)는 관용과 자비가 모방해야 할 덕이라고 주장하지 않는 대신에 이기심에 합당한 응보를 받는 스크루지(Scrooge)의 고통을 독자에게 보여준다. 추론이나 사례를 통해 보여주는 이런 방법은 사회교육에서 대단히 넓게 퍼진 기법이며, 어린이에게 도덕적 태도를 넘겨주는 데 분명히 도움이 된다.[11]

입법가가 올바른 목적에 맞추어 사회의 틀을 짜기 위해서는 이런 설득 형태에 호소해야 한다. 그러나 단순히 정서에 호소하지는 않는다. 오히려 루소의 설명에서 입법가는 인민이 그의 지혜가 신의 지혜라고 믿도록 자기를 일종의 신의 뜻의 해석자로 표현해야 한다. 누구도 그런 책략에서 벗어날 수 없다. 다만 미숙한 사제에게 계략이 드러날 때 그 시도는 모욕으로 끝날 것이다. 더 큰 목적이 아닌 남의 눈을 속이려는 부정직한 위선자가 단기간에는 성공할 수 있지만, 그래봐야 저능한 공동체와 묶일 뿐이며, 그 결과로 형성된 사회질서는 오래 지속되지 못한다. 입법가는 이런 운명이 자기에게 발생하는 것을 방지하는 두 가지 중요한 속성을 갖고 있다. 첫째, 입법가는 다수의 진정한 이익을 깊이 마음에 두고 있다. 비범한 인내심을 지닌 입법가는 오로지 전체 공동체가 드높은 사회적 조화 상태로 고양된 모습을 볼 수 있으리라는 잠재적 보상에 의해서만 동기부여가 되어 전체 공동체를 속이려 할 것이다. 둘째, 입법가는 심지어 가장 완강하고 올바른 인민조차 그의 추천이 진정 신성한 원천에서 나온다고 확신시키기에 필요한 수사와 설득의 기술을 갖고 있고, 자신의 사명이 드러나거나 속임수가 노출될 위험을 지

---

11 입법가가 사용하는 기법에 대한 깊은 논의는 다음을 참조하라. Christopher Kelly, "'To Persuade without Convincing': The Language of Rousseau's Legislator", in the *American Journal of Political Science*, Vol. 31, No. 2(pp. 321-335).

지 않는다.

　이런 모든 속임수의 목적은 그렇지 않으면 자기의 개인적 의지의 산발적인 야심의 먹이가 될 인민을 격려하여 진정으로 자신이 한 부분이라고 느끼게 하고, 또 일련의 부분적 이익을 추구함으로써 곤경에 빠질 이유가 없는 공통된 프로젝트의 일부로 자신을 여기게 만드는 것이다. 루소에게 이것은 결국 그가 제안한 국가의 주권자가 절대 권력이라는 지위를 남용하지 못하게 억제하는 확실한 보증이다. 외부 제재 대신에 인민은 입법가에 의해서 그들 스스로 단일한 일련의 목적과 목표를 지닌 유일한 실체로 느끼도록 인도되고, 의견 차이를 벗어나 하나의 조각처럼 오직 공동선에 의지하는 연합된 단체로 구성될 것이다.

　이런 설명이 주어지면 입법가의 도입에 반대하기가 어렵지 않다. 많은 주석가들에게 루소의 전체 묘사에서 가장 설득력이 없는 부분이다. 얼핏 보기에 주권자의 신뢰도 문제에 대해 오히려 어색한 해법, 곧 거의 문자 그대로 최초 명령의 해결책(*deus ex machina*)에 불과한 것으로 보일 수 있다. 가장 명백한 우려는 그런 개인의 한계가 없어 보이는 능력일 수 있다. 비록 루소는 적절한 후보가 드물다는 사실을 인정하지만, 그가 열거한 입법가의 인상적인 속성들을 현실 세계에서 찾는 것이 불가능하다고 느끼는 것은 당연하다. 비슷한 우려가 제기되어온 플라톤의 철인왕(Philosopher King)이 떠오를 수도 있다. 실제로 그것은 오히려 사회계약의 시작에서 곧바로 인간의 이상적인 형태보다 오히려 '있는 그대로의' 인간을 받아들인다는 루소의 약속이 거짓임을 보여준다. 문제는 받아들이기 어려울 정도의 무욕심과 인류애에 더해 입법가도 정치체제가 어떻게 작동하는지에 대해 매우 높게 조율된 이해를 지니고, 그런 정치체제의 건전한 확립을 위한 최선의 행위 경로를 알아야 한다는 사실로 인해 더욱 악화된다. 그러나 입법가가 적절히 규율된 사회의 확립을 위한 조건이라면, 입법가 자신이 도대체 어떻게 가능할 수 있는가? 정당하게 질서 잡힌 사회가 작동하는 방법에 대한 경험을 지닌 사람만이 무지한 대중을 이성의 빛으로 인도할 수 있겠지만, 그런 사회는 기존 입법가 조직 없이는 존재할 수 없을 것이다. 고전적인 '닭이 먼저냐 병아리가 먼저냐'(chicken and egg)의 상황이다. 곧 입법가는 질서가 잘 잡힌 문명사회를 산출하는 데 필요하지만, 입법가가 보유한 기술은 그런 문명사회의 경험에서만 나올 수 있다.

    설령 입법가가 어디 출신이고 어떻게 독특한 능력을 얻는가와 같은 실질적인 문제를 해결할지라도, 바로 그 개념이 앞에서 설명한 것과 같은 루소의 구도에 어떻게 적합한가라는 문제가 남는다. 알다시피 루소 기획의 시금석 가운데 하나는 평등 쟁점이다. 그에게 순수한 자유는 공동체의 모든 성원이 공동 연합에 자신의 권리와 권력을 양도할 때만 가능하며, 그 지점에서 주권체의 심의에 동등한 사람으로 참여하게 된다. 개인이나 집단이 국가 안에서 특별히 탁월한 지위에 올라 전체 방향이 그들의 개인적 의지에 의해 영향을 받게 되면, 사회계약의 본질 자체가 파멸한다. 설령 입법가 자신의 법률 통과가 금지될지라도, 이런 평등의 목표를 지닌 국가 분규의 전개에서 유일무이하게 특권을 지닌 역할을 갖는 것이 사실 아닌가? 그가 다수에게 알려지지 않은 그 사회의 목적에 관해 특별한 정보를 갖는다는 사실 자체가 그를 유리하게 하며, 그가 은밀히 전체 인구를 자기가 선택한 방향으로 몰아간다는 사실은 다른 사람들보다 자연적으로 지배하기에 더 적합하지 않은 계층의 사람들은 없다는 루소의 핵심 사상 가운데 하나를 명백히 훼손시킨다.

    이것은 입법가의 위상에 심각한 결함이다. 저서 본문에 나타난 것처럼 입법가는 루소의 정치 구도를 손상시키는 전반적인 공동의 평등 정신과 불편하게 떨어져 있는 거의 희극적인 초능력을 지닌 개인으로 보인다. 그러나 이런 명백한 불합리는 입법가의 능력에 대한 루소의 가장 현란한 주장을 완화하여 루소의 사상을 약간 재구성함으로써 처리될 수 있다. 주목할 중요한 특징은 입법가의 역할이 주로 인민을 자연상태에서 문명사회로 인도하는 것이라는 점이다. 일단 이런 상태가 이뤄지면, 입법가의 역할은 이후에도 같은 형태로 반드시 지속되는 것은 아니다. 대중이 계몽되면, 전체 사회가 스스로 공유된 목적과 재화를 지닌 단일한 실체로 간주되고 그런 조건 아래에서 주권자는 일반의지를 더욱 확실히 해득하고 그 기반 위에서 행동하므로 이제 더 이상 입법가가 필요 없어진다. 이와 같이 사회계약 국가 안에서 루소의 평등 목표가 유지된다. 즉 인민은 신과 같은 입법가에 의해 시동이 걸려야 하지만, 일단 그들이 올바른 제도적 틀로 이동해 올바른 일련의 동기를 가지면 입법가는 한 번 더 군중 속으로 녹아 들어가 그의 과업을 수행한다. 이후 순수하게 평등한 토대에 국가의 모든 선거권자와 더불어 우리는 적절히 계몽된 기반에서 작동하고 지금까지 부드럽게 전개된 의지만큼 매사에 훌륭한 기회를 가진다고 상정해도 좋다.

　이와 유사하게 입법가의 능력에 대한 약간 지나친 주장은 거의 손상 없이 가볍게 수정될 가능성이 있다. 그 상황에 대한 더욱 균형 있는 통찰은 다음과 같을 수 있다. 자연상태에서 문명사회로의 이행은 힘들다. 설령 그런 이행의 장기적 혜택이 상당할지라도 그 머나먼 보상은 대부분에게 인정받기가 어려울 것이며, 비범한 지도자가 부재한 상태에서 그 이행은 절대 이뤄지지 않을 것 같다. 그러나 때때로 그런 천재들이 출현한다. 루소에게는 리쿠르고스가 핵심 본보기이지만, 의지의 힘과 메시지의 매력을 통해 공동체의 근본 원리를 변경시킨 것으로 보이는 다른 역사적 인물(예수, 무함마드, 레닌 등)도 많이 있다. 이런 지도자들이 풍부하게 가진 필수적인 자질은 자기 주변의 대중을 열광시켜 사회 문화적 변화가 일어날 수 있게 동기를 부여하는 능력이다. 이런 능력은 합리적 논의에는 별로 존재하지 않고, 완전히 이질적인 집단을 응집력 있는 전체로 몰아가는 어느 정도 측량할 수 없는 능력에 있다. 그런 인물이 나타나지 않을 것 같지만, 불가능하지는 않다. 만약 이런 영감을 지닌 인물 가운데 한 명이 루소가 제시한 사회질서의 혜택을 포착할 수 있으면, 그런 정치체제가 실현될 가능성은 크게 높아진다.

따라서 입법가의 개념은 정치와 역사에서 공통된 '위인'의 이상과 별로 다르지 않다. 루소는 단순히 비범한 개인의 매개 없이 어떤 사회 변화도 일어나지 않는다는 점을 지적한 것으로 간주될 수 있다. 그런 개인이 자기 역할을 사회질서의 형성에 제한하고는 일단 제도가 세워지고 운영된 뒤에는 자신의 권력 획득을 억제한다면, 이런 이상과 루소의 더 넓은 구상인 평등주의자의 방침 사이에 갈등의 동기가 줄어들게 된다. 입법가에게 필요한 자질은 특별하지만 때때로 천재가 나타나기도 한다. 비결은 기회가 오면 대개 놓치지 않고 잡는다는 점이다.

아마도 이것이 우리가 최대한 공감할 수 있는 독해다. 그러나 이미 루소의 전반적 구상에 반대하는 사람들에게 입법가는 여전히 비현실적이고 믿기 어려운 덧붙임으로 보일 것이다. 만약 루소의 제도적 틀은 응집력 있고 도덕적으로 받아들일 만하다는 평가가 신과 유사한 권위를 갖는 쇼맨의 지나가는 말에 불과하다면, 그 체제는 치명적인 결함을 지닌 것으로 간주될 수 있다. 결국 거의 모든 정치 구도는 그처럼 아는 게 많은 지도력을 갖춘 손과 덧붙여 더욱 수용 가능성이 높아질 것이다. 이미 말한 것처럼 그의 역할은 사람들이 그가 어느 정도 신의 사자라고 잘못 믿게 하는 것이다. 설령 이런 속임수가 무지한 대중의 이익을 위한 것일지라도 자유로운 비평가는 이런 제도적 허위가 정당화되기 어려움을 발견할 것이다. 정부가 시민들에게 '그들 자신의 선'을 위하여 거짓말을 하고 그 결과는 비극이라고 단정할 수 있는 경우가 역사 속에 너무 많이 있었다. 루소에 의해 묘사된 것과 같은 입법가의 행위는 처벌받은 거짓이나 다름없고 입법가가 가진 기술은 무엇이든 언제나 부정의하고 전제주의로 귀결되기 쉬워 보일 것이다.

인민의 근본적인 성격을 변경시키는 도덕을 우선 고려하는 입법가의 과업의 성격에 대한 최종 비판을 고려할 필요도 있다. 입법가의 특별한 기술과 그의 방법 수용에 대한 우려를 잠시 제쳐놓으면, 그들의 동의 없이 인민의 기본 본성이 미묘하게 변하는 상황이 여전히 남아 있다. 일찍이 시민적 자유에 대한 토론에서 루소는 자연상태에서 문명사회로의 이전이 인민에게 놀랄 만한 변형을 일으킨다고 생각한다. 이제 우리는 이런 변화에 대해 좀 더 알고 있다. 즉 인민은 개인적 자율과 목적에 대한 강력한 감각을 지닌 창조물로 바뀌어 공유된 비전과 공통의 목적을 지닌 국가의 시민으로 변형되었다. 이런 과정은 '본성의 변형'이라고 불리며, 루소의 더 큰 저작에 흐르는 주제다. 루소는 『에밀』에서 그 과정을 다음과 같이 묘사한다.

> 훌륭한 사회제도는 인간의 본성을 바꾸는 방법을 가장 잘 알고 인간으로부터 독립적인 존재를 박탈하여 상대적인 존재를 부여하고 자아를 공동의 통일체로 이전시키는 제도로서, 그 결과로 각 개인이 자기를 하나가 아닌 통일체의 한 부분으로 믿고 더 이상 자기를 전체 내에서 벗어난 존재로 느끼지 않는다.[12]

이것이 입법가의 목표다. 우리는 그런 목표가 바람직한 이유를 고민

---

12   Rousseau, *Emile*(Book I), pp. 39-40.

해왔다. 즉 그것은 주권자가 그 성원들의 편파적인 의지 왜곡에 덜 빠지게 하고 일반의지에 더욱 가깝게 조율할 수 있게 한다. 그러나 본성의 변형은 이런 결과를 위한 값비싼 대가라고 여겨질 수도 있다. 루소의 비판자에게 본성을 바꾸는 변형은 공평무사한 공동의지에 눈멀고 무기력한 굴종을 위해 모든 진정한 개인적 자율의 사악한 박탈로 간주되기 쉽다. 많은 사람에게 개인의 자발성과 다양성 및 자제는 인류의 본질적인 도덕 특성 가운데 하나이며 그 상실은 어떤 정치체제든 비난받게 할 것이다. 지난 20세기의 경험을 통해 우리는 개인의 독립의식을 사회의 지배적 목표로 포섭하는 어떤 정치 기획도 몹시 의심할 수 있게 되었다.

다시 한번 이 문제에 대한 견해는 루소의 인간 본성 개념과 함께하는 동감의 수준으로 채색되는 듯하다. 돌이켜보면 루소는 물질적으로 상호의존적인 사회 안에서 독립적으로 행동하는 개인의 성공 가능성에 몹시 회의적이다. 호의적인 자애심(amour de soi)의 충동은 개인의지들이 영구 지배를 위해 끊임없이 투쟁하는 환경에서 해로운 형태인 이기심(amour-propre)으로 전락하기 쉽다. 만약 인민이 확실하게 공동선을 알 수 없다면, 사회는 좌절과 불평등의 장소로 남아 있을 것이며, 행복과 성취를 향한 인간의 자연적 잠재력은 사라질 것이다. 앞에서 본 것처럼, 이런 상태에 대한 루소의 해법은 더 높은 공동 형태와 교환하여 자신의 개인적 자유를 벗어나기로 계약하는 것이다. 그러나 실제로 각 개인은 모든 동료가 대등한 공동이익을 갖는 쟁점에 따라 행동하는 권리를 넘겨준다. 사회질서에 참여하는 규칙적 행위—투표—는 본질상 사소한 각 개인의 전체 생활이 아닌 그런 전반적인 목표에만 관련된다. 따라서 루소의 전반적인 목표에 동감하는 사람은 여기서 본성의 변형이 결과적으로 다음에 이르게 된다고 주장할 수 있다. 즉 자기 능력으로 시민으로서 행동하는 개인은 자기 자신의 이익과 국가 전체의 이익 사이에 아무런 실질적인 차이를 알 수 없게 된다. 그런 현실화의 긍정적인 효과는 지금까지 보아온 그 변형의 정당성을 넘는 어떤 반대도 능가한다.[13]

인민의 적합(8-11)

이 점에서 루소와 일치하든 아니든 문화적 정체성의 적절한 감각의 필요에 대한 긴밀한 주의는 사회계약의 가장 급진적이고 민감한 측면 가운데 하나임을 유념할 가치가 있다. 대개 정치학과 정치철학은 사회 구조, 곧 제도와 헌법 및 법률에 집중한다. 그런 것들은 분명히 어떤 이론의 성과에 아주 중요하며, 루소가 주의를 기울여 주권자와 국가 및 다른 행정 계층의 기능을 묘사하려고 시도하는 것은 그가 이것을 완벽히 인식하고 있음을 보여준다. 그러나 루소 역시 사회의 구조적 측면을 효율적으로 활용하기 위해 어떤 종류의 도덕적 전망과 문화적 구성이 필요한지에 대해 생각하느라 대단히 많은 시간을 쓴다. 결국 조직적으로 스스로를 해치고 끊임없이 그것을 표상하는 구성물의 파괴만을 추구하는 공동체는 구조적으로 말하면 설령 그것이 가장 효율적인 방식으로 조직되었을지라도 번영할 수 없다. 루소는 확실히 국가 제도가 적절한 활력을 위해 일정한 종류의 공동 전망과 공유된 노력 의식이 필요함을 정확히 지적한다.

그러나 어느 정도 수용 가능한 사회적 비전을 창출하는 방식이 있다.

---

13 개인과 공동체의 적절한 위상에 대한 루소의 개념에 대한 폭넓은 토론은 다음을 참조하라. Katrin Froese, 'Beyond Liberalism: The Moral Community of Rousseau's Social Contract', *Canadian Journal of Political Science*, Vol. 34, No. 3 (579-600).

강력한 인종적 우월감으로 일치된 사회는 루소가 상상한 응집력을 보여줄 수 있지만, 아마도 그것의 도덕적 성격과 장기적 지속 가능성을 희생시킬 것이다. 2권의 나머지 장에서 루소는 문화적, 환경적 의미에서 어떤 종류의 사회가 그가 지지하는 이상적 문명 공동체로 변할 수 있는지에 관한 몇몇 사상을 제시한다. 아마도 그가 예전에 말한 것과 대부분은 다르게도 루소는 모든 문화나 민족이 입법가에 의해 이상적인 정치질서로 인도되기에 적합하다고 절대로 생각하지 않는다. 거대한 변형에 필요한 요소는 지리적으로나 시간적으로 한결같이 나타나지 않는다. 특히 후자의 사례에서 루소는 어떤 민족이 참된 시민적 자유로 이동할 수 있을 만큼 성숙한지에 대해 커다란 주의를 기울일 필요가 있다고 생각한다. 너무 빨리 이뤄지면, 인민은 입법가의 취지를 이용할 수 없고 구축된 체제도 취약해 와해되기 쉬울 것이다. 너무 느리게 이뤄지면, 대안적 사회체제가 깊이 뿌리내려 어떤 변화도 불가능하다. 입법가는 강력한 설득자이지만 연금술사는 아니다. 즉 그가 작업하는 재료는 정제될 수 있어야만 한다.

이것은 『사회계약론』의 초반에 나온 루소의 어조와 다소 맞지 않는 것으로 보인다. 상황이 변했다고 느낄 수 있는 곳이 두 군데 있다. 첫째, 루소는 일찍이 자기 사회질서에 대한 보편적 호소와 그 질서가 뿌리내릴 가능성에 호소했다. 누군가 사슬에 매여 있으면 그의 기획은 모든 사람에게 자유를 약속하고 족쇄를 깨뜨리는 것이라고 기대하는 것이 합리적이다. 이제 단지 어떤 사람들만 그들의 족쇄를 던져버릴 수 있는 올바른 자질을 갖춘 것으로 보인다. 곧 다른 사람들은 적어도 그들의 능력이 발휘될 때까지 현상유지에 집착한다는 의미다.

이런 제약은 적어도 변형의 척도가 너무 높게 요구되면 루소의 구상을 대부분 훼손시킬 우려가 있다. 2권의 나머지 부분에서 루소는 이것이 어떠해야 하는지에 대해 약술한다. 첫 번째 중요한 고려는 공동체의 규모다. 소국이 공동체 의식과 입법가가 주입하는 공유된 목적을 유지하는 데 훨씬 더 좋으므로 루소에게는 소국이 대국보다 더 좋다. 심지어 의사소통이 빠르고 쉬운 현대 세계에서는 루소에게 이런 고려가 왜 중요한지 알기 쉽다. 국가의 모든 성원으로 이루어진 주권체는 일반의지가 수행되는 질서 속에서 만나 숙의할 필요가 있다. 이것은 크고 확산된 국가에서는 곤란한 반면에 작은 국가에서 그런 문제는 덜 민감하다. 더욱이 모든 시민이 다른 사람들을 대부분 아는 합리적인 기회를 갖거나 적어도 그들 모두에게 영향을 미치는 상황과 친숙한 환경에서 입법가의 독촉은 더욱 그럴듯하게 보일 것이다.

두 번째 더욱 중요한 고려는 인민의 문화적 동질성이다. 루소에게 (적절한 의미에서) 법률이 주어질 수 있는 유일한 인민은 이미 어떤 형태의 서약이나 연합으로 함께 결속되어 있지만 전형적인 종류의 법률 체제를 발달시키지 못한 사람들이다. 다른 말로 어떤 종류의 자기 동일성의 우선 수단을 가져야 하지만, 불투명한 실천으로 인해 문명의 도정을 따르기에는 충분히 진보하지 못한 사람들이다. 이런 중요한 고려에 덧붙여 루소는 너무 많은 부(혹은 너무 많은 빈곤), 너무 많은(혹은 너무 적은) 결속, 호전성(혹은 박약함)과 같은 일단의 다른 요소들이 입법가의 노력을 좌절시키는 데 공조한다고 생각한다. 이런 대부분의 기준이 적혀 있는 구절의 끝(SC, II, 10)에서 루소는 자신이 주장하는 개혁 가능성에 대해 가장 비관적으로 보이며, 그 시대 유럽에서 루소의 조건을 충족시킬 수 있는 유일한 나라는 코르시카임을 암시한다.[14]

---

14 『사회계약론』 직후에 루소는 당시 제노아인에 대항해 독립전쟁을 치르는 코르시카를 위한 법률 작업을 시작했다. 그 작업은 완성되지 못했지만, *Project for a Constitution for Corsica*라는 미완성 유고가 남아 있다.

설령 (다른 곳에서 훨씬 더 냉담한) 이런 비관론을 축소해서 받아들일지라도 루소가 보기에 분명히 입법가는 자기 과업을 조심스럽게 잡아야 하며, 모든 민족이 정당하고 대등한 계약적 사회협약으로 들어선다는 보장은 없었다. 제자리에 놓여야 할 다양한 모든 것들 가운데 가장 중요한 것은 공동체와 공유된 연합의 우선적인 의미다. 즉 루소의 제도적 틀로 공동체를 부드럽게 이전하도록 돕기 위해 입법가가 작업할 수 있는 것이 바로 이것이다. 그러나 기존의 결속 의식에 대한 이런 강조는 이전에 지나간 것과 차이가 나는 두 번째 영역을 제기한다. 돌이켜보면 개인 집단이 자기를 군주에게 양도하기로 결심할 때 민족이 형성될 수 있다는 그로티우스의 사상에 대한 루소의 반론 가운데 하나는 공동 목표를 향해 결속하고 심의하는 행위로 인해 개인은 이미 인민이 되므로 군주라는 존재가 불필요하다는 점이다. 그렇지만 루소의 정치체제의 필수조건은 이미 제자리에 존재하는 공동체 의식의 공유와 같은 것이다. 루소의 그보다 앞선 함축으로서 사회계약 상태는 해로운 이기심(amour-propre)이 손해를 끼치는 예전에 불완전하게 형성된 일련의 제도에서 비롯되며, 이제 나쁜 실행이 지나치게 멀리 가기 전에 사회발전의 더 이른 단계에서 입법가가 개입해야 하는 사상으로 대체된 것으로 보인다. 실제로 루소는 독특하게 견실한 어투로 대담하게 말한다. "인간과 마찬가지로 민족도 청년기에만 가르칠 수 있다. 나이가 들면 교정하기 힘들어진다."(SC, II, 8)

이런 불일치는 짜증을 일으키는 동시에 루소가 지닌 이상의 엄중함에서 신뢰를 훼손시키는 효과를 지닌다. 인민집단을 이상적 문명사회로 변형시키는 데 필요한 일련의 정밀한 사건의 연속 내지 정확한 일련의 환경에 대한 상당한 불확실성이 2권의 마지막에 남겨진다. 그러나 '있는 그대로' 인간을 다룬다는 루소의 약속하에서 아마도 우리는 그의 야심찬 기획이 어느 정도 현실 세계의 냉혹한 실제 문제와 더욱 희귀한 이론적인 국가 형성 분위기 사이에서 동요하더라도 지나치게 놀라지 말아야 한다. 2권의 마지막 장들이 독자에게 알려주는 것은 루소의 기획을, 예측 불가능하고 불완전한 현실 세계에 적용하는 실질적인 도전에 대한 루소의 인식이다. 다음 두 권에서 루소는 이런 모든 쟁점에 대해 더할 말이 거의 없지만, 루소가 제안한 사회의 기본 원리, 즉 근본적인 수준에서 그의 정치 기획의 대부분이 펼쳐진다. 따라서 지금까지 다뤄온 사상의 요약으로 돌아가 설득력 있는 정치 구도가 드러나는지를 보아야 한다.

요약

루소는 모든 성원이 자기의 개인적 자유를 전체 공동체에 양도하는 사회를 묘사했다. 그들은 더 큰 실체의 일부가 되어 안전을 획득하고 자연상태의 위험과 불완전한 사회질서의 불평등을 피하는 것이다. 그러면 시민으로서 그들은 주권체로부터 나오는 법률에 구속되며, 그런 법률에 도전하거나 거부하는 권리를 갖지 못한다. 그러나 그들도 주권자의 성원이므로 그런 법률의 초안 작성에 참여하게 된다. 모든 동료 시민도 같은 상황이므로 루소는 지배자와 피지배자가 헌법적으로 구분되어 있는 체제보다 더욱 신뢰할 만한 방식으로 주권체가 성원의 안전과 이익을 존중하리라고 믿는다.

주권자가 통과시키는 법률은 그 본성상 보편적이다. 즉 법률은 적극적이든 소극적이든 개인이나 이익집단을 정확히 지적하지 않는다. 적절히 공식화된 이런 법률도 공동체의 일반의지를 반영할 것이다. 이런 개념은 국가 전체를 위한 최선의 결과에 대한 합리적 고려를 통하여 주권체의 모든 성원의 개별의지의 집합으로부터 비롯된다. 주권체가 투표할 때, 그 문제는 정리된다. 그런 상황에서 주권자가 적절히 행동하면 그에 따른 일반의지의 표명은 지속적인 사회 번영에 신뢰할 만한 공평한 지침이 될 것이다.

그러나 주권자가 일반의지를 오해하거나 무시할 가능성이 있고 심지어 그럴지도 모른다. 이를 방지하려면 공동체는 그 성원들이 공유된 기획에 대한 진정한 감각을 배양하고 자기의 이익을 국가의 이익과 동일시하게 가르쳐야 한다. 그런 이상이 모든 국가에서 가능하리라는 보장은 없다. 커다란 이상을 지닌 사람이 국가의 나머지 사람들에게 그 실현을 향해 나아가도록 지도해야 할지도 모른다. 그런 사람에게는 비범한 자질이 필요하고 인민도 그의 가르침을 적절히 수용하는 본성을 지녀야 한다. 그러나 모든 것이 전개되면 성원인 각 개인은 '시민적 자유'를 향유하고 이전에 그들을 구속한 족쇄로부터 벗어날 것이다. 주권자의 심의는 신뢰할 만하고 사회질서는 결과적으로 자유와 평등을 보장할 것이다.

이것이 지금까지의 논의에 대한 매우 간략한 개요다. 절대 루소의 정치 견해에 대한 완전한 진술이 아니다. 즉 우리는 (『사회계약론』에서 가장 큰 부분을 차지하는 3권의 주제인) 정부의 하위 차원과 4권에 담긴 더욱 중요한 루소의 사상을 모두 고려해야 한다. 그럼에도 우리는 루소의 정치적 이상의 수용 가능성과 관련하여 앞장에서 제기된 두 가지 문제로 되돌아갈 수 있다.

1. 그 모델이 적합성이 있으며 개념적으로 올바른가? 핵심 개념은 애매모호함이나 모순 없이 분명히 표현될 수 있는가?

2. 그렇다면 그런 사회의 실질적인 귀결은 무엇인가? 가장 중요하게
   는 루소가 바라는 혜택, 곧 모두를 위한 자유와 인간 잠재력의 발
   휘가 실제로 가능할 것인가?

첫 번째 쟁점에 관하여 적어도 『사회계약론』 본문에 쓰인 루소의 사
상에는 상당히 불투명한 부분이 있다고 느낄 수 있다. 분명히 대부분의
루소 비평가는 그것을 절망적인 혼란으로 간주해왔다. 그렇지만 좀 더
호의적인 다른 독자들에게는 특히 루소의 심리학적 이론과 그 배후에
있는 동기를 이해하게 해줄 일관된 이야기가 있는 것으로 보였다. 이
책에서 우리는 전반적으로 『사회계약론』 자체와 같은 장별 순서를 따
라왔다. 그 모호함에도 불구하고 『사회계약론』 전체에 흐르는 이상이
있는 것으로 보인다. 물론 일반의지의 정확한(혹은 어쩌면 가장 조리
있는) 해석과 유래에 대한 루소의 부적절하게 간결한 묘사가 『사회계
약론』의 커다란 약점인지에 대해 많은 논쟁이 있다. 이 책의 마지막 장
에서 이런 쟁점을 일부 다룰 것이다.

루소가 상정한 국가의 실질적인 결과와 관련된 두 번째 쟁점도 유사
하게 당혹스럽다. 그런 사회는 절대 실현된 적이 없어서 루소의 방향을
따라 구성된 주권이 어떻게 현실로 기능하는가라는 문제가 남는다. 현
실 세계에서 가장 유사한 표본은 많은 루소 주석가들의 동기와 마찬가
지로 다양한 판정을 내려왔다. 루소는 전체주의의 대부만큼이나 진보
적 사회민주주의의 옹호자로 간주될 수 있다. 다시 한번 마지막 장에서
이런 다양한 반응에 대해 좀 더 긴밀하게 고찰할 이유가 생겼다. 루소
사상이 전체적으로 채택되지 않았을지라도 현실 정치체제의 발전에 거
대한 영향을 끼쳤음에는 의심의 여지가 없다. 그러나 우리는 여전히 문
명상태와 가장 효율적이고 공정한 행정체제에 대한 루소 사상의 실질

적인 작동에 관해 많이 배워야 하므로 이제 루소 사상의 더욱 실용적인
측면이 전개되는 3권으로 돌아가야 한다.

학습 문제

1. 주권체의 핵심 특징은 무엇인가? 왜 이런 속성을 가져야만 하는가?
2. 전체의지로부터의 유래에 주목하여 일반의지를 설명하라.
3. 루소에 따르면 주권의 활동에는 무슨 제약이 있는가? 이런 제약은
   국가의 개별 성원들의 남용을 방지하기에 충분한가?
4. 루소의 정치 구도에서 입법가의 본성과 기능을 설명하라. 루소 이론
   에서 제기된 문제를 해결하는 데 이런 요소의 도입은 어떻게 도움이
   되는가?
5. 루소의 견해에서 법률을 받아들이기에 적합한 인민에게 필요한 첫
   번째 요소는 무엇인가? 루소는 왜 이런 자질을 강조하는가?

3권과 4권

『사회계약론』의 후반부는 국가의 가장 근본적인 헌법적 토대보다 오히
려 정부의 실용성과 관련된 루소의 사상에 집중한다. 3권과 4권은 주로
통치와 효율성의 구체적인 쟁점을 주제로 하여 현대의 독자에게는 모
호해 보이고 정치사상사 연구자에게만 흥미로워 보인다.

　루소의 실제적인 정부의 이상은 정당한 사회의 토대에 관한 그의 사
상만큼 영향력이 없는 것이 분명하다. 그렇지만 주권과 인민 관계, 사

회제도의 와해가 사회에 미치는 영향, 최선의 행정 유형, 종교의 역할에 관하여 루소가 마지막 장에서 펼친 중요한 주장이 있다. 특히 이 마지막 주제는 당국과의 사이에서 루소를 그토록 힘들게 만든 『사회계약론』의 끝에서 정확히 소개된다.

정부(III, 1-2)

앞에서 보았듯이 루소의 구도에서 주권체는 국가의 입법기관이다. 그것은 공동체의 모든 성원을 구속하는 전반적인 기본법을 통과시킨다. 주권자는 법률 자체에 작용하거나 국가 안의 개인 혹은 이익집단에 적용되는 법령을 통과시키는 과업을 갖지 않는다. 그와 같이 주권자가 공동체가 직면한 모든 쟁점에 대한 판단에 개입하길 기대하는 것은 합리적이지 않을 것이다. 어떤 문제들은 주권자가 고려할 수 없는 정도의 편파성을 요구하고, 어떤 문제들은 입법화보다 오히려 행동을 필요로 하며, 또 다른 문제들은 단지 공동체의 모든 성원을 집회로 끌어당길 만큼 중요하지 않을 것이다. 필요한 것은 주권체에는 부적합한 많은 행정적인 문제를 수행할 책임이 있는 하부조직이다. 이것이 정부제도에서 루소가 염두에 둔 것이다.

　루소는 다시 한번 신체에 비유하여 이런 새로운 조직에 대한 자신의 논의를 시작한다. 개별 인격이 (정신) 의지와 (신체) 행동에 대한 분리된 능력을 갖는 것처럼, 정치체도 입법과 그와 일치된 행위의 능력을 지닌다. 루소에 따르면 집행력은 언제나 명확한 목표를 향한 방향을 포함시킴으로써 절대 일반의지에 일치하여 작동할 수 없다. 그 대신 정부는 국가의 시민과 협력해서 주권자에 의해 통과된 법률이 준수되게 하는 조직으로 간주되어야 한다. 또한 루소에 의해 정부는 최고 권력(주권자)과 인민 사이의 '매개자'로 묘사된다. 루소는 여기서 자신이 약간 특화시킨 의미로 그 용어를 사용한다는 점을 분명히 한다. 그가 주목한 정부에 대한 묘사가 약간 직관에 반하는 것으로 보이는 이유는, '주권자'와 '정부'라는 용어가 종종 둘 사이에 아무런 구별 없이 대조물로 사용되기 때문이다. 루소의 기획에서 양자는 다른 역할과 구조를 지니고 있으며, 루소는 그 용어를 조심스럽게 구분해서 사용한다. 행정관, 왕, 영주나 도지사에 대해 말할 때, 루소는 우리에게 익숙한 방식으로 국가의 최고 수장이 아닌 정부의 다양한 관직에 대해 언급한다. 그러나 그 호칭이 아무리 클지라도 루소에게 정부의 어느 성원도 전체 공동체의 총회 대신에 일종의 '위임'을 실행하는 주권체의 관리 이상이 될 수는 없다. 더욱이 주권자가 정부에 법률을 실행할 아무리 많은 권력을 위임할지라도 이런 결정은 어느 때라도 철회될 수 있다. 국가가 시작될 때 한 번 만들어지면 이후 돌이킬 수 없는 사회계약과 달리, 정부를 창조하는 공동체의 행위는 경험에 비추어 개정될 수 있다.

양자 사이의 관계를 대략 묘사한 루소는 정부의 최적 규모에 관한 자신의 견해를 제시한다. 공교롭게도 이 논의는 루소 사상을 거의 명확히 설명하지 못하는 것으로 보이는 기하학적인 용어로 표현된다. 여기서 본문을 읽을 때 명심해야 할 가장 중요한 점은 국가의 상대적 크기와, 인구 감소 등으로 변하는 정부 사이에 단순한 관계가 있다고 루소가 생각한다는 점이다. 예를 들어 루소는 1만 명의 시민이 있는 사회를 언급한다. 이들이 주권 의회에 함께 소집되면 각 개인의 투표는 전체에서 단지 1만분의 1의 가치를 지닌다. 그와 같이 일반의지를 결정하는 심의에 상대적으로 적은 투입 효과를 발휘한다. 모든 성원이 주권자의 심의에 적절히 개입한다고 느끼는 것이 국가의 결속에 중요하므로 이런 불일치는 어느 정도 중요한 문제다. 국가가 급속히 확장되면 각 시민이 차지하는 몫은 더 많이 떨어질 것이다. 이런 과정이 계속 지속될수록 각 개인은 자신이 일반의지에 자연적으로 조율된다는 느낌을 덜 받을 것이다. 그리하여 일반의지의 계율이 각 개인의 개별의지의 계율로부터 아주 멀리 떨어진 지점에 도달하면, 모두가 법률에 따르도록 보장하기 위해서는 정례적으로 강제력이 동원되어야 할 수도 있다. 개인이나 집단이 주권자의 지배에 따르도록 강제하는 행위는 정부에 귀착되며, 그 수효는 적절히 증대되어야 한다. 일반의지의 계율은 인민에게 확실히 적게 인식되므로 주권자의 법률을 시행할 책임을 지는 행정관의 수는 어떤 반항자의 자유든 보장될 수 있도록 늘어야 한다.

　다시 한번 이런 주장의 방향에 약간 불안함을 느낄 수 있다. 일반의지의 요구가 약하면, 국가의 강제 수단 확장이 모두를 일렬로 정렬시키기 위한 어느 정도 난폭한 반응으로 보일 수 있다. 결국 루소 공동체의 이상적인 상황은 시간이 지나면 그런 강제가 주권자의 결정에 일치하는 중요한 조종자가 되길 멈추는 것과 같은 공유된 이상과 가치 의식의 장려인 것으로 보인다. 달리 말하자면, 루소 체계의 초석인 자유의 약속은 다시 한번 멀어진 것으로 보인다. 루소는 이런 우려에 민감하여 정부가 더 크고 강력해질수록 행정관 조직이 자기 역할을 남용할 유혹이 더욱 커진다는 사실을 지적한다. 이 문제에 대한 해법은 행정관이 부지런하고 공평무사한 법률 집행에 실패하면 주권자가 행정관의 지위를 박탈할 대등한 권력을 보유하는 데 있다. 다시 한번 루소는 수학을 이용해 이런 점을 설명하고 성공을 위한 이상적인 비결, 곧 정부의 크기는 언제나 주권자의 크기와 비례해야 한다고 제안한다. 이런 비례가 달성되면 사회적 순응과 주권자의 감독이라는 각각의 목표가 최대한 보장될 것이며, 국가는 조화로워질 것이다.

　여기서 루소의 정밀한 처방을 전적으로 신중하게 다루기는 어렵다. 특히 주권과 정부 규모 사이의 간단한 수학적 비율이 신뢰할 만한 이상적 균형을 산출하리라는 루소의 믿음을 수용할 이유는 거의 없는 것으로 보인다. 그러나 주권자와 정부의 상대적 규모와 영향력에 대한 루소의 주안점은 중요하다. 행정관이 공동체 정책의 진정한 운전자가 되면, 일반의지가 공동체의 당위적인 모습으로 활력을 불어넣는 것으로 볼 수 없다. 다른 한편으로 모든 시민이 주권의회의 정당한 법률에 순응하게 할 효과적인 집행력이 요구된다. 문제는 일반의지의 원리가 앞의 1, 2권에서 침해되지 않는 것으로 약술된 방식으로 이런 두 개의 중요한 요소를 균형 잡는 방법이다.

　루소가 지적하듯이, 핵심적인 어려움은 정부 의지가 시간이 지나면서 자체의 독자적인 정체성을 발전시켜나가는 경향이 있으며, 점점 더 스스로를 그것의 본체로 여겨지는 국가에서 독립된 개체로 간주하리라는 점이다. 이런 일이 일어나면 공동체는 파당으로 분열될 위험에 빠지고 전체 사회 기획이 위태로워진다. 따라서 루소는 이런 쟁점을 특화한다. 정부의 각 성원은 세 가지 '의지' 혹은 동기를 갖고 있다. 첫 번째는 개인의지로서, 공동체의 각 성원이 소유한다. 두 번째는 행정관의 의지로서, 루소는 이를 '단체의지'라고 부른다. 세 번째는 일반의지다. 불행하게도 루소에 따르면 이런 세 가지 충동의 강도는 통상적으로 사회적 유용함에 반비례한다. 즉 행정관에게는 대개 개인의지가 가장 강하고, 단체의지가 그다음이며, 일반의지가 그 뒤에 놓인다. 따라서 힘을 초과한 정부의 문제는 일반의지를 능가하는 단체의지의 문제로 표현되고, 공동체 지도 원리로서 모두의 이익을 대체하는 행정관 파당의 이익으로 표현될 수 있다. 여기서 루소가 '단체의지'를 언급할 때 특별히 새로운 개념이 도입된 것이 아님에 주목해야 한다. '전체의지'가 국가의 집합된 개인의지에 대한 루소의 용어인 것과 마찬가지로, 단체의지는 모든 행정관의 집합된 개인의지에 주어진 이름이다. 개별 행정관에 관하여 그들의 단체의지는 행정관으로서 역할을 고려하여 어떤 일련의 행위를 보는 동기가 된다. 이와 대조적으로 그들의 일반의지는 국가의 성원으로서 자기 역할을 고려할 때 발생한다.

다시 한번 정부 크기가 잘못되면 이 문제는 악화된다. 루소는 한 사람으로 구성된 정부의 사례를 든다. 이 경우 행정관 단독의 개인의지와 단체의지 사이에 차이는 없다. 이 경우 정부 행위는 신속하고 결정적이라는 장점을 지닌다. 즉 행정관이 어떤 외부 조언자의 자문을 받을 헌법적 요구가 없으므로 심의 과정이 쉽게 이뤄질 것이다. 다른 한편으로 일반의지는 행정관의 행위를 촉진하는 세 가지 고려 사항 가운데 가장 약한 것이 보통이므로 정부 행위가 주권자가 정하는 것과 같은 전체 공동체를 위한 낙관적인 경로에 긴밀히 부합하는 일은 거의 없을 것이다. 스스로를 다른 시민들과 구분된 존재로 간주하는 행정관의 성향 때문에 더욱 그럴 것이다. 이 사례와는 반대로 루소는 국가의 모든 성원이 행정관인 경우도 살펴본다. 이것은 단체의지를 일반의지에 대단히 밀접하게 병렬시켜 정부의 범주를 제한하고 정부 자체를 주권자와 분리시키는 효과를 낳는다. 심지어 루소의 우려와 같은 파벌주의의 전망이 사라진 것은 중요하다. 그러나 이 경우에는 신속하고 결정적인 집행력이라는 덕목이 사라지며, 모든 결정은 모든 시민의 개입을 필요로 하게 된다. 루소는 거대한 행정조직의 나태함과 비효율성을 의식하며, 정부의 기능과 주권자가 분리되어 유지되는 것에 지속적으로 관심을 갖는다.

따라서 문제는 균형이다. 정부가 지나치게 크면 실용적인 통치가 어려워지며, 정부가 지나치게 작으면 오만한 단체의지가 공동체의 응집과 정당한 일반의지의 지지를 심각하게 위협한다. 시민을 정렬시킬 더 큰 사회의 필요성이 행정관의 수를 늘릴 이유를 주는 반면, 단체의지에 내포된 타락이나 당파성을 향한 흐름은 행정관의 수를 축소할 이유를 준다. 이것은 사리에 맞는 우려로 보이며, 여기서 루소가 정부와 주권자의 올바른 균형이 어떻게 비롯되는지에 대해 더욱 자세한 설명을 주리라고 기대할 수 있다. 그러나 이미 고찰한 유사 기하학적인 고려와 달리 루소는 2장의 끝에서 입법가의 기술은 인구 규모에 적합한 행정관의 수를 정하는 것이므로, 정부의 크기를 결정하는 권한은 입법가에게 주어진다고 결론 내린다. 정부의 역할이 중요하므로 이런 결론이 오히려 불만스러울 수 있다. 즉 정부는 국가와 주권자 사이를 중재하며, 모든 시민의회에 의해 주어진 어떤 권력이든 행사할 책임을 지닌다. 루소는 그런 조직의 헌법에 핵심 과제를 동일시한다. 즉 그것이 악화될 잠재적인 함정이 주어지면 어떻게 그 규모와 권력이 결정되어야 하는가? 어쩌면 실망스럽게도 그 답변은 모든 것이 당위적인 모습으로 정리되도록 전능한 입법가가 한 걸음 더 나아가는 것이다.

이상적인 행정관 수를 위한 특이한 수학적 근거와 함께 주어진 이것은 정부에 대한 루소의 설명을 오히려 사변적이고 설득력 없어 보이게 한다. 그러나 여기서 진정하고 『사회계약론』에 대한 루소의 목표를 염두에 두어야 한다. 심지어 3권에서 루소는 그 실행에 대한 세부 사항이 아닌 사회질서의 근본 원리에 주로 관심을 두고 있다. 본문 전체를 통해서 시민이 자유와 평등을 함께 향유하는 헌법적 틀(framework)을 상세히 설명하려고 시도한다. 루소의 저작은 길이가 짧은 데다 추상적인 이론 차원에 머물기 때문에 그 틀이 완성되었을 때조차 실현 가능성이 문제가 된다. 덧붙여 앞에서 본 것처럼 국가의 탄생과 공동 비전에 적합한 문화 발전에 책임을 지는 입법가는 이미 그 제도의 형성에 커다란 역할을 함으로써 아마도 정부 구성에 대한 결정을 포함해 역할의 확장을 기대할 것이다. 어느 사례든 루소는 이상적인 정부의 구조가 국가

의 크기와 행정관의 수 같은 쟁점보다 더욱 복잡하다고 믿는다. 기존
문화와 환경의 다양성 때문에 주권자의 법률을 효율적으로 집행하기
위한 정부의 유형은 하나 이상일 수 있다. 다음 다섯 개 장에서 루소는
다양한 형태의 행정을 다루며, 이제 이것을 논의할 차례다.

정부 형태(III, 3-8)

루소는 세 가지 기본적인 정부 형태를 제시했다. 첫째, 전체 인민이 정
부를 구성하면 이것이 민주주의다. 대다수 시민이 정부의 성원이 되면
이런 체제도 민주적이다. 즉 시민 행정관의 수가 비행정관 시민의 수보
다 많은 것이 중요하다. 두 번째, 소수 시민이 정부를 구성하면 그 체제
는 귀족정이다. 마지막으로 한 개인이 정부 기구를 장악하여 어떤 방식
으로든 국가의 다른 모든 공무원이 그 명령에 따른다면, 그 체제는 군
주정이다. 루소는 직접적으로든 아니면 역사적 연구를 통해서든 세 가
지 사례에 친숙했을 것이다. 즉 프랑스는 모든 권력이 왕으로부터 아래
로 흐르는 군주정이고, 제네바는 민주정과 귀족적 과두정 사이에 걸쳐
있으며, 고전적인 사례인 아테네와 스파르타는 루소에게 다양한 다른
모델 이상의 유효한 증거를 제시했다. 앞으로 보게 되듯이, 루소는 적
어도 가장 직접적인 형태의 민주주의가 주권체의 민주적 본성에도 불
구하고 그의 이상국가에 가장 적합한 형태라고 결코 생각하지 않는다.
어느 정도 의문시된 민족의 특별한 환경 상황이 그 쟁점을 결정한다.
즉 루소는 3장에서 민주주의는 일반적으로 작은 나라에, 귀족정은 중
간 규모의 나라에, 군주정은 큰 나라에 적합하다는 말로 결론 내린다.
루소는 그 체제가 혼합될 가능성이 있거나 그 규칙에 대한 예외가 바람
직한 상황도 많다고 생각한다. 이런 모든 경고에도 불구하고 여기서 차
례로 각각 고찰한 뒤에 한 체제가 분명히 두각을 나타내는 모습을 볼

3장 저술 읽기   137

것이다.

　루소는 민주정과 더불어 다른 체제의 장점에 대한 고찰을 시작한다. 루소는 민주정부가 자기가 예전에 개관한 정치체제에 가장 적합해 보인다는 것에 주목한다. 결국 국가의 시민 모두가 법률 제정을 함께하면 누가 그 적용을 선언하기에 더 좋을 수 있는가? 아마도 이 문제와 관련하여 주권자의 성원들이 자신들이 제안한 법률안들의 적용에 대해 생각해봤을 것이므로 그들이 정부 과업을 수행함이 이치에 맞을 것이다. 그러나 루소는 이런 생각을 확고히 거부한다. 루소가 보기에 특별한 목적을 지닌 결정을 내리는 정부의 행위는 명확한 목표를 갖지 않는 주권자의 공명정대함을 좀먹는다. 루소는 동일한 사람이, 굳이 개인의지를 내려놓을 필요가 없는 집행부에서 비슷한 역할을 수행한다면 주권체의 성원으로서 행동하는 동안 개인의지를 내려놓는 평균적인 시민의 능력은 쪼그라들 것이라고 우려한 것 같다. 다시 한번 루소는 입법 과업에 대해 적절히 객관적인 태도를 유지하는 평균인의 능력에 대해 심각한 비관론을 표명한다. 법률을 제정한 동일한 인민이 그 실행에도 책임을 진다면, 편파적인 이익의 유혹에 평소보다 훨씬 더 저항하지 못할 것이다.

　이런 우려에 덧붙여 루소는 민주정의 실제 가능성에 몹시 회의적이다. 루소에게는 공동체의 대부분이 행정 업무에 포함된다는 생각 자체가 지탱할 수 없는 것으로 보였다. 조만간 특별한 개인적 이익을 가진 더욱 집약된 성원들이 더 큰 통제 범위를 맡을 것이다. 결과적으로 민주제는 루소가 그토록 개탄한 당파주의의 안내자가 될 잠재력을 갖고 있다. 더욱이 정부 업무를 수행하는 전체 시민(혹은 대부분의 시민)을 모으는 일은 대단히 어렵다. 대부분의 민족은 국가의 유연한 운영에 끔찍한 혼란 없이 정부를 소집하기 위해 많은 개인들을 충분히 자주 동원하려고 분투할 것이다. 그 결과 믿을 만한 정부 형태로서의 민주제에는 수많은 조건들이 수반된다. 첫째, 정부가 합리적인 시간에 즉시 모일 수 있도록 국가는 소규모여야 한다. 둘째, 인민의 기질은 토론이 불필요하게 길어지거나 분열되지 않도록 충분히 온화해야 한다. 셋째, 집합된 행정관의 사회적 지위와 물질적 부는 다소간 같아야 한다. 넷째, 루소는 사치가 민주제하의 인구를 불가피하게 타락시키는 효과가 있다고 믿기 때문에 사치 수준이 비교적 낮아야 한다. 이런 조건들이 함께 주어지는 것은 너무 부담스러워서 전혀 흔한 일은 아닌 것으로 보인다. 실제로 루소의 주장이 실현되기에는 너무 훌륭해 보인다. 결국 한 사회의 모든 성원이 그런 덕목을 지녔다면, 도대체 정부가 있을 필요가 무엇인가? 루소에 따르면 민주제는 우리가 기대하는 것보다 더욱 덕스럽고 자율적이며 좋은 의도를 지닌 인민이라는 개념에 달려 있으므로, 신뢰할 만하고 성공적인 정부로서는 비현실적인 대안이다.

주권자의 본성을 고려하기 전에 이런 견해가 나왔다는 것은 약간 놀랍다. 표면적으로는 주권체의 의회와 민주정부로 추정되는 집회 사이에 거의 차이가 없는 것으로 보인다. 곧 양자는 법률을 통과시키거나 시행하기 위해 국가가 수시로 모든 시민을 동원하길 원한다. 만약 이것이 정부 차원에서 너무 힘든 것으로 입증되면, 주권자 차원에서 어떻게 가능할 것인가? 덧붙여 민주적 행정에 대한 루소의 다른 실제적인 반대는 그럭저럭 이뤄진 것으로 보인다. 대개 인민이 주권자의 성원으로서의 역할을 행정관으로서의 역할로부터 끌어내지 못하는 것은 세 가지 형태의 정부에 모두 영향을 미치는 문제다. 사실 민주제에 대한 루소의 진정한 반대는 더욱 일반적인 종류의 것으로 보인다. 즉 함께 법률을 제정하고 집행해야 한다는 요구는 전체(혹은 다수) 사회에 너무 커다란 짐을 부과한다. 루소가 생각하기에 인간의 연약함으로 인하여 시민들이 일반의지를 거부하고 편파성으로 퇴각하고 싶다는 유혹을 지속적으로 느낀다는 점과 다채로운 사회에서 이질적인 분파들이 스스로를 동일한 기획의 일부로 확실히 간주하지 못한다는 점 때문에 정부 차원의 민주주의는 작동할 수 없는 것이다. 만약 이런 의견이 약간 조급한 것으로 보인다면, 여기서 루소가 염두에 둔 민주제 형태가 대단히 직접적인 성격을 지닌다는 사실을 명심할 가치가 있다. 선거민의 개입이 상대적으로 빈번하지 않고 대부분의 결정이 그들 대신에 소규모 대표에 의해 이뤄지는 몇몇 근대 민주주의와 달리 여기서 루소는 모든 주목할 결정권이 참정권을 가진 모든 성원에게 주어지는 체제를 목표로 한다. 그런 정부 형태가 가능하기는 하지만, 근대 세계에 가장 넓게 퍼진 민주제의 형태는 아니다.

　사실 루소가 '귀족정'이라 부르는 것은 현대 독자에게 더욱 친숙한 대의민주주의와 어느 정도 비슷하다. 루소에게 귀족정이란 대체로 주권자를 대신해 정부 업무를 집행하는 개인들의 소규모 집단을 의미한다. 루소는 정부가 엄격히 주권자에 종속된다는 사실을 독자에게 환기시킴으로써 이런 행정 형태에 대한 논의를 시작한다. 즉 설령 시민 집단이 일상의 사회 운영에서 특권적 역할을 획득할지라도 이런 활동은 언제나 전체 공동체의 위임에 종속되고 그 위임은 언제든 철회될 수 있다. 루소는 세 종류의 귀족정, 곧 자연적 귀족정, 선출 귀족정, 세습 귀족정을 제시한다. 첫 번째는 우리가 1장에서 살펴본 자연적 주권 개념, 곧 계층이나 민족 혹은 인종 기원에 의해서 통치하기에 적합한 사람들의 집단과 유사하다. 루소가 이것을 당장 거부하는 것은 놀랍지 않다. 루소는 그가 생각하기에 모든 가능한 정부 형태에서 가장 나쁜 세습 원리도 거부한다. 그러나 선출 모델은 그가 생각하기에 공정하고 효율적인 행정이 될 가능성을 지닌다. 그런 체제 아래에서는 국가의 어떤 성원이든 행정관이 될 잠재력을 갖고 있다. 정부 규모(상대적으로 소규모라는 암시가 있다)가 일단 결정되면, 행정의 각 지위는 주권자에 의해 제정된 규칙에 따라 시행된 선거를 통해 채워진다. 그 결과로 구성된 정부는 실용성이라는 장점을 지닌다. 곧 소규모 행정관 조직이 대다수 모든 시민을 포함하는 거대한 조직보다 훨씬 더 효율적으로 업무를 수행할 수 있을 것이다. 더욱이 행정관이 변덕스러운 가족관계나 계층이 아닌, 선출을 통해 충원되므로 그들이 실제로 그 일에 최적임자일 가능성이 높다.

루소는 이런 상황에 따르는 몇몇 어려움을 알고 있다. 그가 이미 지적한 것처럼, 작은 정부는 큰 정부보다 일반의지로부터 더 멀리 이탈할 위험에 직면한다. 또한 루소는 귀족적 행정관이 법률의 요구를 회피하기 위해 자신의 집행권을 행사할 유혹을 받을 것이라고 믿는다. 더욱이 고귀한 귀족의 지위가 물질적 불평등으로 이어질 것이라고 생각한다. 그러나 설령 타락 가능성이 있더라도 루소는 귀족정하의 행정관이 민주정부의 대중 계층보다는 더욱 효과적으로 타락에 저항할 것이라고 주장한다. 루소가 설명하듯이, 귀족정에서 행정관 측에 필요한 덕목은 부담스럽지만 민주적 정부 기능을 수행하기에 필요한 덕목보다는 덜 비현실적이다. 행정관을 선출하는 선거는 일반의지의 적절한 기능에 따라 입법가에 의해 사회질서 안에 자리 잡은 것이므로, 적어도 선출된 개인이 현명하고 유익한 방식으로 다스릴 것이라는 희망이 있다.

저작의 본문에 표현된 것처럼, 이런 상황은 다시 한번 오히려 낙관적으로 보일 수 있다. 덧붙여 이런 정부 구조는 권력의 불균형한 크기가 협소한 개인 집단에 의해 지배되므로 평등이라는 루소의 지속적인 목적을 반영하는 데는 실패하는 것으로 보일지 모른다. 그러나 두 가지 사실이 기억되어야 한다. 첫째, 정부의 과업은 주권자의 의지를 실행하

는 것이므로 행정관만이 공동체 전체에 의해 주어진 권력을 갖는다. 행
정관은 국가의 법률을 어떻게 실행하는지에 관해 분별력이 있지만, 그
것을 변경할 권력이 없다. 공동체에 대한 그들의 해석이 체계적인 방식
으로 일반의지에서 벗어난 것으로 보이지만, 주권자는 정부를 해체하
고 다른 형태로 재개할 권리를 갖는다. 따라서 루소가 생각하기에, 중
요한 의미에서 행정관은 국가의 어떤 다른 성원보다 더 많은 권리를 갖
지 못한다. 즉 그들은 여전히 일반의지의 명령에 구속되고 주권자 의회
에서 합의된 법률에 종속된다. 둘째, 행정관이 주권자가 고안한 보통선
거제 아래에서 선출된다는 사실은 불완전한 세상에서 그 직무에 적합
한 인물을 뽑을 최선의 기회를 부여한다. 많은 점에서 이 모델은 앞에
서 언급한 대의민주제와 비슷하다. 루소의 국가에서 선거민은 당연히
나쁜 혹은 해로운 행정관을 선택할 가능성이 있지만, 그러지 않을 기회
가 세습 혹은 '자연' 선출의 사례에서보다 훨씬 더 높다. 더욱이 구상된
선거 활동이 강력한 공동의 목적의식과 입법가에 의해 주입된 전망을
가진 공동체 안에서 일어나며, 이것이 시민이 정부에 적합한 후보자를
선출하기 위해 모든 노력을 하리라고 추측할 특별한 이유를 제공한
다.[15]

　　이런 형태의 선거 귀족정이 루소가 선호하는 정부체제보다 훨씬 좋
다는 것은 본문에서 분명히 드러난다. 그러나 루소는 완벽을 기하기 위
해 세 번째 선택도 논의한다. 루소에 따르면 이 체제의 으뜸가는 장점
은 효율성이다. 군주정부는 한 개인과 동일시되므로 집행 과정과 심의
가 최소한의 의견 불일치로 빨리 진행될 수 있다. 정부의 모든 관료가

15　이 점에 대한 토론을 좀 더 살펴보고 싶다면 다음을 참조하라. Frank Marini,
"Popular Sovereignty but Representative Government: The Other Rousseau," *Mid-
west Journal of Political Science*, Vol. II, No. 4(pp. 451-470).

그들의 권력을 군주에게 빚지고 있으므로 명령 계통은 수월할 것이다. 그 결과 군주정은 크거나 잠재적으로 다루기 힘든 국가에 가장 적합한 정부 형태다. 직접민주제가 공동이익이 명백히 보이는 소규모 공동체에서만 번창하는 반면에, 흩어진 영토에서 질서를 유지하고, 경직화와 비효율성을 막기 위해서는 강력한 군주정이 필요하다. 또한 루소는 그의 이상국가의 정당한 정부 형태로서 군주정을 배제할 이유가 군주정이라는 개념 자체에는 없다고 지적한다. 왕의 권리에 반대하는 루소의 초기 주장은 국가의 잠재적 주권자로서 왕의 역할에 관한 것이었다. 귀족정의 사례에서처럼 루소의 사회 구도에서는 왕의 통치가 조직적으로 일반의지의 명령에서 벗어날 경우 시민들의 주권체에 의해 왕도 완전히 축출될 수 있다고 생각해야 한다.

그러나 이것이 군주제에 관한 루소의 긍정적인 견해의 한계다. 루소는 한 명의 개인이 정부 기능들을 지휘한다는 생각에 전폭적으로 반대한다. 그 이유 가운데 일부는 이미 앞에서 살펴보았다. 즉 군주의 개인의지가 정부의 집단의지와 정확히 일치하면 정당한 일반의지는 밀려나고 정부는 극단적인 형태의 편파성을 향해 나아갈 것이다. 루소에 따르면 인간 본성상 왕들은 언제나 자기 행위에 대한 제약에 고압적이고 참을성 없을 것이 확실하다. 그들은 인민집단을 자기 권력에 대한 위협으로 봄으로써 자신의 권력보다는 힘의 원천을 억제하려 할 것이다. 왕과 신하 사이의 거리가 입법가에 의해 조성된 협력적 목적의식을 침식할 것이며, 사회질서는 전제주의로 급속히 퇴보할 것이다. 비록 대국은 강력하고 효율적인 정부를 필요로 하지만, 한 명의 개인이 거칠고 강압적인 방법에 호소하지 않고 다루기 어려운 시민들을 통솔하는 과업에 시종일관 머물기를 기대하는 것은 너무 지나치다. 결국 선출직 귀족제는 (직위에 대한 적합성에 기초하여 인민에 의해 선출되므로) 행정관의 도덕적 성격을 강화하는 반면에, 군주제는 정부 관료의 자질을 낮추는 경향이 있다. 하위 행정관의 지위는 후원에 의지하므로 그들에게 필요한 성격 특징은 변함없이 자기 강화와 아첨하는 성격이 될 것이다. 잘 통치되는 국가에 필요한 공동선에 흥미를 느끼고 국가를 효율적으로 관리하는 지적 능력을 보유한 훌륭한 행정관은 군주제에서 양성되지 않는다.

6장의 나머지 부분에서 루소는 군주정을 거부하는 훨씬 더 많은 이유로 나아간다. 루소가 생애 대부분을 보낸 정치체제와 그의 정치이론의 직접적인 청중을 가정하면 루소가 그러는 것이 자연스러울지도 모른다. 그러나 여기서 그가 이런 선택을 위해 보내는 시간은 놀라워 보일 수 있다. 루소가 이미 국가에 가장 중요한 제도, 곧 주권자를 위한 적합한 기초로서 군주정을 거부하는 수고를 했으므로, 정부의 기능이 훨씬 더 적은 권위와 권력을 갖기 때문이다. 그러나 평등과 공동선에 대해 그토록 많이 강조하는 루소의 정치 구상이 한 사람의 수중에 정부 과업을 쥐여주는 것과 어울리지 않는다는 주장은 그에게 완벽하게 일치한다. 루소가 지속적으로 인간 본성에 관해 말한 것을 보면 군주직은 기본적으로 그가 개관한 헌법적 틀과 양립할 수 없다고 생각하는 것이 놀랍지 않다. 루소는 그 결론을 전적으로 배제하지 않도록 주의하지만, 후원과 호의에 기초한 행정체제의 정점에 자리한 대단히 큰 권력과 영향력이 사회계약의 전반적인 취지에 걸맞지 않은 것은 맞다. 루소는 (그가 예상한 것처럼) 왕이 일반의지의 공명정대한 요구로부터 벗어나면 주권자는 이를 제지하는 고된 과업을 지게 될 것이라고 옳게 판단했다. 주권자의 권력에 종속되지만, 정부 기구는 대단히 강력한 도구이며, 두 제도가 어떻게 충돌할 수 있는지를 파악하는 것은 쉬운 일이다.

따라서 루소에게 이상적인 정부체제는 선출귀족정이다. 이것은 소규모 행정과 대의적인 민주정의 장점을 결합한다. 그러나 이것이 확립되면 어느 정도 그 지위를 제한하는 방향으로 나아간다. 루소는 모든 사례에서 정부가 한 가지 유형이나 다른 유형의 순수한 예가 되길 기대하는 것은 너무 지나칠 것이라고 말한다. 변덕스러운 다른 상황이 주어지면 어떤 체제의 요소들이 다른 곳에 사용될 수 있을 것 같다. 실제로 무슨 이유에서든 어떤 정부가 인민에 대해 너무 많은 권력을 갖게 되면 주권자는 행정의 순수함을 고의로 약화시키기로 결정할 수 있다. 예컨대 군주체제에서 주권자는 군주 행위에 대한 거부권을 주권체에 부여하기 위해 투표를 실시할 수 있다. 이와 비슷하게 선출귀족정은 군주와 같이 더 많은 최고위급 행정관, 더 많은 하위 행정관, 민주의회의 더 많은 시민 성원처럼 그 내부에 다양한 수준의 권위로 설립될 수 있다.

이런 혼란에 덧붙여 루소는 정부의 환경적인 명제에 대한 초기 주장을 반복한다. 앞에서 이미 본 것처럼, 소규모 국가는 스펙트럼상 가장 민주적인 정부에 적합한 반면에 더 큰 국가는 군주정에 가까운 정부를 요구한다. 루소는 더 나아가 기후, 물질적 부, 식량 생산의 용이함, 문화, 인구와 같은 모든 것이 국가의 필요에 가장 적합한 정부 형태에 영향을 준다고 믿는다. 아마도 현대 독자에게 천진난만해 보일 언어로 루소는 전제주의가 더운 나라에 적합하고, 야만주의는 몹시 추운 나라에 적합하며, 훌륭한 정부는 온화한 지역에서만 가능하다고 주장한다. 우리는 이런 진술을 너무 심각하게 받아들이지 않을 것이며, 그런 것이 루소의 전반적인 구도의 실현 가능성에 거의 영향을 미치지도 않는다. 루소가 열거한 환경 요인은 그대로 받아들이기에 너무 단순하고 사변적이지만, 그런 고찰이 인간의 모든 다양성에서 '있는 그대로의 인간'을 취하는 루소의 초기 약속을 돋보이게 만든다. 루소는 3권의 처음부터 끝까지 추상적인 정치체제를 구체적인 상황에 집어넣는 데에는 한계가 있음을 인정한다. 그가 지지하는 전반적인 틀이 다른 문화와 조건에 적합하려면 세부 사항이 수정될 수 있음을 인정하는 것이 루소의 접근이 갖는 일종의 강점이다. 이 주제에 관한 완전한 토론은 이 책의 범위를 넘어서지만, 환경과 기후 및 자연자원에 대한 생각이 민족과 그 정부의 성격에 결정적 영향을 미친다는 점이 현재의 국제적 발전과 정치학 토론에서 심각하게 받아들여진다는 사실은 지적해야겠다. 루소의 이 쟁점에 대한 정밀한 분석은 믿기 어려울 만큼 우리에게 충격을 주지만, 그것에 대한 루소의 인식은 어느 정도 선견지명이 있는 것으로 생각할 수 있다.[16]

쇠퇴와 추락(III, 9-11)

루소의 정치 구상에 대해 고찰하면서 우리는 시종일관 루소가 피하고자 열망한, 받아들일 수 없는 전제정부 형태로 국가가 타락할 가능성을 제기해왔다. 국가가 억압적이고 권위적으로 변하지 않게 감시하는 적절한 견제와 균형의 현존(혹은 결여)에 대해 꾸준한 우려가 있었다. 우리는 루소가 때때로 그 문제에 대해 대단히 낙관적으로 평가하여, 주권체가 믿을 만하고 평등주의적인 방식으로 적절히 구성되는 한, 공동체를 지도함에 신뢰받을 수 있음을 보았다. 다른 경우에 루소는 성공 가능성에 대해 훨씬 더 자신이 없고, 국가의 모든 성원이 필수적인 비전과 공통의 정체성을 드러내게 하는 것이 입법가의 특성이라고 소개한다. 심지어 그때도 거의 최상에 이른 사회가 지속적으로 덜 이상적인 정치조직 형태로 추락하는 압력에 직면한다는 루소의 암시가 있다. 3권의 나머지 장들에서 루소는 이런 쟁점에 정면으로 맞서서 그의 제

---

16 이 주제에 대해 평판이 좋은 유력한 설명은 다음을 참고하라. Jared Diamond, Guns, *Germs and Steel: The Fates of Human Societies*.

도적 틀이 얼마나 오래 견디며 어떤 환경에서 그것이 실패할 수 있는지를 고찰한다. 앞으로 보게 되듯이, 루소의 이상적 사회질서의 초기에 나타나는 쾌활한 어조가 절대 유지되지 못하고 그는 사회계약의 일부였던 혜택들이 유지될 것인지에 대해 놀라울 만큼 우울한 전망을 지닌 것으로 보일 수 있다.

　루소는 성공한 정부로 간주되는 것에 대한 전반적인 고찰로 자신의 논의를 시작한다. 루소는 시종일관 이것이 피통치 인민의 본성에 의지하여 변한다는 것, 곧 어떤 의지는 개인적 자유를 중시하고 어떤 의지는 평온을 중시하며 어떤 의지는 물질적 풍요를 중시하리라는 점을 지적한다. 루소에 따르면 사회적 성공의 논쟁 여지가 없는 척도를 찾을 때 문제는 도덕적 수용 가능성의 표준이 악명 높을 정도로 주관적이라는 점이다. 즉 어떤 인민이 원하는 것은 다른 인민이 바라지 않을 것이다. 따라서 루소는 상대적으로 기본적인 성공 기준, 곧 인민의 적절한 보호와 번영에 만족한다. 루소에 따르면 인민이 국가의 기본 제도에 참여하고 자기 필요를 충족시켜주는 충분한 물질적 위안이 허용되면, 국가는 성공적이라고 판정될 수 있다. 이것에 대한 가장 명백한 신호는 인구의 증가로서 광범위한 이민 없이 어떤 민족의 수가 증가하면, 그 정부는 폭넓게 사태가 올바로 진행된다고 추정할 수 있다.

　현대 독자에게 이것은 오히려 성공의 소박한 척도로 보일 수도 있다. 아마도 정부 정책으로 인해 출생률이 높아지는 매우 억압적인 국가를 상상하는 것은 어렵지 않을 것이다. 실제로 적절한 생활을 제공할 능력이 몹시 불안정한 나라에서 인민이 더 많은 아이를 가짐으로써 유아사망률을 상쇄하려고 하는 경우 인구는 대단히 빨리 증가할 수 있다. 인구가 늘어나면 정치 상황도 건전한 것으로 생각할 수 있지만, 언제나 그런 것은 아니다. 루소에게는 정당하게 구성된 주권자에 대한 두 가지 기준, 곧 평등과 시민적 자유의 유지가 더 나아 보인다. 만약 국가의 시민들이 스스로 가장 중요한 의미에서 공동체의 생활에 동일한 몫을 갖고 더 나아가 그 제도의 독특한 구성이 다른 곳보다 더 많은 생활의 충족 방식을 보장한다고 인식하면 정부에 대한 주권의 관계는 성공적이라고 말할 수 있다. 루소는 그런 평가가 정확하게 계량화되기는 힘들다고 주장하는 것이 확실하지만 그럼에도 그런 평가야말로 루소 기획의 성공을 판단하는 가장 중요한 기준이다.

앞에서 본 것처럼, 루소는 사회질서의 건강을 설명할 때 신체 비유를 즐겨 사용한다. 몸에 팔다리가 있는 것처럼 사회질서에는 주권의회의 성원들이 있다. 사람이 자기 몸을 해치지 않는 것처럼 주권자도 그 성원을 해치지 않으리라고 보증할 수 있다. 이 추론을 확대함으로써 루소는 인간의 몸이 시간이 지나면 쇠퇴하고 죽는 것처럼 정치체 역시 유한한 존재라고 생각한 것으로 보인다. 최상으로 조직된 국가조차 결국 타락과 쇠퇴로 쓰러지는 것처럼 인간성도 그렇다. 루소에 따르면 이것은 두 가지, 곧 계약 또는 와해의 방식으로 일어날 수 있다. 전자의 사례에서 일단 행정이 확립되면 행정관은 불가피하게 더 많은 권력을 요구하고 그것은 임의로 정부 규모를 축소시킬 것이다. 여기서 루소 사상을 알려면 스펙트럼상 가장 '민주적'인 행정이 확립되었다고 가정해보자. 각 행정관은 법률 시행 업무에서 가능한 아주 작은 몫을 가질 것이다. 다른 모든 것이 동등하다면 그들은 자신이 통제하는 정부 업무를 늘리는 것이 이익일 것이다. 그들 각자에게는 계약에 참여한 전체 행정관의 수를 보고 더 작은 조직 안에서 활동하고 싶다는 강력한 유인이 있다. 주권자가 이를 경계하지 않으면, 개인적 유인이 무자비한 압력을 가해서 더 적은 수의 개인이 훨씬 더 큰 영향력을 미치는 작은 규모의 정부가 나타날 것이다. 이런 과정의 궁극적인 결과는 정부가 가능한 최소규모, 곧 앞에서 이미 고찰한 왕과 주권자 사이의 불행한 관계로 귀결될 절대군주제에 이를 것이다. 루소는 이런 논의에 많은 시간을 소비하지 않지만, 소규모 정부가 점차 규모가 커져서 대의정부가 되는 반대 결과는 훨씬 덜 발생할 것 같다.

정부가 주권자의 법률 제정 역할을 어느 정도 침해하고 두 기구가 혼동되는 것이 국가가 쇠퇴하는 두 번째 방식이다. 이것이 실제로 분리된 퇴보의 형태는 아니지만, 그 계약의 결과는 바로 앞에서 논의된 것과 같다. 즉 군주가 일단 국가 안의 다른 권력의 원천을 모두 제거하면 인민을 지배하기 위한 다음 단계는 주권자의 경쟁 제도를 무력화하는 것이다. 이런 일이 일어나고 정부가 전체 공동체를 위한 기본법을 제정하기 시작하면 루소가 추천한 방향에 따라서 구성된 국가는 효율적으로 존재하길 멈추게 된다. 법률은 더 이상 모두로부터 나와서 모두에게 적용되지 않는 대신에 군주정이나 지배적 과두정으로부터 나와서 사회적 위계상 그들보다 낮은 시민들에게만 적용된다. 따라서 정치질서는 루소가 그의 기획 초기에 거부한 불완전하게 구성된 모델로 되돌아간다. 루소는 이런 변질된 다양한 사회를 위한 기술적 용어 목록으로 10장을 끝낸다. 그들이 모두 공통적으로 지닌 것 하나는 더 이상 사회계약에 토대를 둔 공동체의 순수한 사례로 간주될 수 없다는 점이다.

뒤이어 이런 과정의 불가피함이 어느 정도 설명된다. 심지어 스파르타와 로마가 쇠퇴한 이래로 어떤 문명이 타락을 향한 점진적인 유인을 피할 수 있겠느냐고 루소는 주장한다. 최고의 정체가 시간의 질주와 냉혹한 인간성의 타락에 희생되는 세상에서 완전하고 영속적인 헌법 모델을 세우려는 루소의 시도는 무의미하다. 이것은 우리에게 놀랍고 도달하기 어려운 결론이라는 인상을 준다. 앞에 지나간 것에서 루소 체계의 매력은 부정의한 사회의 족쇄로부터 탈출할 약속이 되어주는 것처럼 보인다는 점이었다. 이제 드러나는 것처럼, 그런 자유가 단지 일시적이라면 루소의 구도는 인류에게 처량한 예상을 나타내는 것으로 보인다. 인간은 부정의와 독재로 서로에게 폐를 끼치는 능력에서 드물게 벗어날 수 있다. 설령 자기의 완전한 잠재력을 실현하기 위해 평등하고 순수한 자유 사회로 들어갈지라도, 그 성과물이 조만간 부스러지고 시민들은 예전에 벗어난 슬픈 상태로 되돌아갈 것이다. 이것이 루소의 정치체제 아래에서 기대할 수 있는 최선이라면, 이것을 지지할 만한 가치가 있는지 의심하는 마음이 생길 수 있다. 앞에서 지적한 것처럼 자연상태의 개인은 개인적 자유를 공동체에 양도하는 예측된 위험을 안는다. 즉 그가 기대할 수 있는 최소한의 것은 양도의 결과로 생기는 국가가 영구적인 본성을 지니리라는 보장이다.

　이에 대한 응답으로 루소는 순전히 현실주의적이라고 주장할 수 있다. 만약 루소의 이상국가 제도들이 그 본성상 불멸이고 부패할 수 없다면, 루소의 전체 기획을 받아들이기는 어렵다. 루소가 오류에 빠지기 쉬운 시민들이 더 좋은 존재 양식을 거부할 가능성이 언제나 있음을 인식한 것은 역사적 현실과 정치적 현실을 반영한 것이다. 더욱이 루소는 적절히 구성된 국가의 생애가 필연적으로 특별히 짧다는 암시를 하지 않는다. 즉 수 세대에 걸쳐 지속될 순수하게 평등주의적인 사회질서가 확립될 수 있다면 상당히 가치 있는 성취이고 개인들이 참여하는 것이 합리적인 기획이다. 이렇게 이해하면 사회질서의 진보에 대한 루소의 비전은 비관적이라기보다는 오히려 성공은 물론 실패 가능성까지 염두에 둔 실용적인 인식이다.

　그러나 이것이 너무 우울한 예측으로 보인다면, 사회의 불가피한 쇠퇴가 끊임없는 전제정 한복판에서 잠깐 찾아온 덧없는 자유의 시기 이후 오는 것이 아님이 11장의 마지막 문단에서 암시된다. 루소는 이 문

단에서 적절히 구성된 사회가 결과적으로 와해될지라도 그 법률 유산
은 남는다고 말한다. 그런 법률이 일반의지에 일치하는 주권자의 행위
로 결정되는 곳에 상당한 정통성이 있으며, 그런 곳은 주권자 자체가
사라진 후에도 존경받을 수 있다. 무정부상태와 독재 시기 이후에 정당
하게 구성된 두 번째 사회가 그 잔해로부터 나타나, 이전 사회의 유산
위에 세워질 수 있을 것이다. 이런 식으로 적절히 조직된 각 사회는 이
전 사회의 성취를 증진시키고 향상시킬 잠재력을 갖고 있다. 루소는 고
대법이 유지되고 (그가 고대 세계를 참고한다고 가정할 수 있다) 이것
이 후대 문명에 의해 수정된 사례를 인용한다. 다양한 사회가 흥망한
매우 긴 시기에 걸쳐 최상의 법률 선례들이 되풀이된 선택으로 강화된
다. 비록 루소가 뚜렷이 그렇게 말하지는 않지만, 이 문구의 합리적인
해석은 일련의 정당한 사회적 합의의 지속적인 확립과 거부를 통해서
라도 인류는 절대적 의미로 진보할 수 있다는 것이다. 자연상태의 개인
이 경험에서 배우고 자애심(amour de soi)을, 더욱 풍부하고 충실한
삶을 추구하는 더욱 깊은 성향으로 바꿀 수 있는 것처럼, 루소가 믿기
에 문명도 역사로부터 배울 수 있으며, 진정한 평등주의 질서가 일시적
으로 잊힌 시기를 지나면 더 센 강자가 나타날 수 있다는 암시가 여기
에 있다.

투쟁의 장소(III, 12-18)

루소는 사회의 실패에 대한 고찰로부터 상황이 순조로울 때 정부와 주
권자가 어떻게 운영되느냐에 관한 토론으로 옮겨간다. 루소는 모든 시
민의회가 공동체의 법률을 만들기 위해 규칙적인 간격으로 만나야 한
다는 주권의 본질적이고 실질적인 특징을 되풀이함으로써 논의를 시작
한다. 일단 우리가 이것을 상기한다면, 루소는 곧바로 그가 일찍이 했

던 민주정부의 실용성에 대한 동일한 반대, 곧 모든 시민을 같은 장소에 함께 모은다는 논리는 가장 소규모이자 최대한 통합된 국가를 제외한 모두에게 너무 지나칠 것이라는 주장을 제기한다. 그러나 루소는 이번에는 그런 정규적인 집회의 가능성을 열심히 변호한다. 그런 일이 그리스와 로마에서 가능하다면, 어느 시대에든 가능하리라고 루소는 주장한다. 그런 정규적인 공동 집회가 일어나지 못하게 막는 것은 상상력과 공유된 도덕적 목적의 결여뿐이다. 하지만 루소가 이런 입장을 취하는 것은 자기 자신의 주장과 직접적으로 모순되는 것으로 보인다. 민주적 행정관 집회가 정기적으로 열리는 것이 너무 부담스럽다면, 주권자가 관심을 갖는 일은 왜 그토록 다른가? 실제로 민주정부에서는 인민의 다수가 참석하는 것만이 중요한 반면, 그 기구는 공동체의 모든 성인 회원의 참석을 요구하므로 규칙적으로 모이는 것이 훨씬 더 비현실적일 것이다.

　루소의 주권의회가 실용적인 존재가 되려면 그 사회는 상대적으로 크기가 작아야 한다. 또한 루소는 문제를 더욱 복잡하게 하려고 주권자 모임이 비교적 자주 있어야 한다고 주장한다. 루소는 이상적인 조건 아래에서 어떤 중요한 문제의 발생에 대해 심의하기 위해 행정관이 어느 시점에든 의회를 소집할 수 있어야 한다고 말한다. 덧붙여 행정관이 의회를 휴회(아마도 부분적으로 하나의 안전장치로서 정부가 그 권위에 도움이 되지 않는다고 주장할지라도 주권자에게 모임을 허용)시키는 어떤 권력도 갖지 못하게 하는 정규 모임이 있어야 한다. 의회의 정규 모임은 전체 공동체가 특별한 환경 상황을 고려한 뒤에 결정할 문제다. 그러나 건전한 사회에서 주권자는 가능하면 자주 소집되는 것이 실제로 도움이 될 것이다. 루소가 인정하듯이 이런 효과는 국가의 적절한 규모를 아주 근본적으로 제한한다. 요컨대 루소는 단독 마을과 주변 환경을 염두에 두고 있다. 더 큰 단위는 주권자의 빈번한 소집을 불가능하게 만들 것이다.

이런 점을 염두에 둔 루소는 크기 제한이 그의 구도에 문제를 제기한다는 사실을 인정한다. 국가의 크기를 단독 마을로 한정하는 것은 몹시 제한적으로 보인다. 루소 자신이 말하듯이, (추측컨대 비록 그가 가능한 단위로 그리스 도시국가를 인용하지만) 소규모 정치 단위는 더 큰 약탈자로부터 자신을 방어하기가 훨씬 더 힘들다. 크기를 '단독 마을'로 제한할 경우 그 외 몇 가지 달갑지 않은 결과가 나타난다. 예컨대 몇몇 독립된 마을이 문화적으로는 밀접하게 연결되어 있을 수 있다. 그런 상황에서 그 마을들의 거주민은 단일한 정치 단위로 함께하길 바랄 수 있다. 그런 동기가 루소의 사회체제에 이상적인 토대가 될 것이므로, 순수하게 지리학에 기초해 이런 마을들의 연합을 배제하는 것은 이상할 것이다. 이와 같은 각본의 결과로서 루소는 몇 가지 용인을 한다. 루소는 공통점 없는 인구에 맞게 주권이 몇 개의 부분으로 쪼개질 수 있다는 생각을 거부하지만, 여러 국경선 안에 흩어진 몇몇 마을에 대해서는 실용적인 대책이 있을 수 있음을 받아들인다. 가령 다양한 마을을 돌아다니는 순회정부를 구상할 수 있다. 특히 의사소통이 훨씬 더 쉬운 현대 세계에서 루소 방식의 정치체를 시도하고 실행하길 원하면 아마도 기술적 해법이 있을 것이다. 그러나 그 해법이 무엇이든지, 적절히 구성된 주권의회를 유지하는 데는 작은 공동체가 최고라고 루소가 여전히 느끼는 사례가 있다. 그 결과 프랑스나 영국 크기의 국가는 이미 일반의지에 따라 움직일 기회가 거의 없는 것으로 보일 수 있다. 루소의 제안에 따라 스스로를 조직할 수 있는 국가는 역사적으로 아테네와 스파르타 같은 도시국가나 스위스 칸톤(행정구역인 주―옮긴이) 같은 작은 실체뿐이다.

　루소에 따르면 주권체 소집에 포함된 실제적인 고려는 제쳐놓고 소국가를 강조하는 다른 이유가 있다. 루소는 시민이 주권자의 심의에 피상적인 주의를 기울이는 것으로는 충분하지 않다고 주장한다. 일반의지가 신뢰할 수 있게 확정되려면 주권의회의 성원들이 자기 의무를 진지하게 수행하고 자기 앞에 놓인 정치적 쟁점에 적절히 개입해야 한다. 이미 입법가와 그 사명에 대한 토론에서 본 것처럼, 루소에게 국가의 성공은 궁극적으로 인민에 의해 표시된 열정과 목표 의식으로부터 유래된다. 이것이 결여되면, 아무리 이상적인 제도가 갖추어졌더라도 진정 계몽된 지도력이 나타나지 못할 것이다. 크고 다채로운 국가보다는 사람들 사이의 문화적, 물질적 유대가 뚜렷한 작은 공동체에서 일관되고 친숙한 정치 개입이 더 쉽게 이루어진다. 이 점을 강조하기 위하여 루소는 주권자의회에서 시민의 역할이 대표나 대의원에 위임될 수 없다고 주장한다. 공동체의 각 성원은 스스로 참여해야 하며, 국가의 법률 제정과 관련된 자신의 권리(와 의무)를 전용하거나 양도할 수 없다.

　이런 금지는 정부가 아닌 주권체에만 적용된다. 앞에서 본 것처럼, 루소는 대부분의 국가에서 가장 성공적인 정부 모델은 선출된 행정관이 인민을 대표하는 일종의 대의귀족정이라고 믿는다. 이런 구상이 받아들여지는 이유는 정부가 법률 시행에 유일하게 책임을 지기 때문이다. 대조적으로 주권자는 공동체의 기본법을 정하는 더욱 어려운 직무를 맡는다. 시민단이 의회 내의 자기 역할을 다른 곳에 위임하는 것은 루소의 정치질서에서 가장 중요한 원칙, 곧 법률은 모두로부터 나와서 모두에게 적용된다는 원칙에서 사실상 물러나는 것이다. 이것은 그들이 여전히 주권자 앞에서 그 문제에 대해 간접적인 방식으로 자기 표를 던지는 것이므로, 그 과정에서 전적으로 손을 떼는 것과는 전혀 같지 않다. 심지어 직업적인 시민의 위임자나 대표자가 시민의 바람을 정확히 옮기는 모습을 상상할 수도 있다. 그런 경우 일반의지의 신뢰도는 최소한 단기간이라도 심하게 떨어지지 않을 것이다.

  그러나 루소는 인민이 법률을 제정하고 그것을 일련의 중재 기관에 넘겨주는 적극적인 일에서 스스로 물러날 경우 초래될 장기적인 파괴적 효과를 우려한다. 일단 시민들이 입법 과정에 적극적으로 개입하기를 멈춘다면, 사회 기획을 향한 그들의 열정은 불가피하게 흐려지고 점점 더 전체 공동체의 선을 정확히 끄집어낼 수 없게 된다. 루소는 영국 시민들이 대의민주제의 결과로 스스로 자유롭다고 생각함에도 불구하고 실제로는 비교적 드문 총선 기간에만 자유를 행사할 뿐이라는 유명한 주장을 했다. 그 외 나머지 시간에 영국 시민들은 자기 대표의 의지에 종속되어 다른 어떤 형태의 폭정 아래에서만큼이나 노예화된다. 영국 의회가 루소의 주권의회나 정부와 정확히 같은 역할을 하지는 않으므로 정확한 예시라고 하기는 어렵다. 그럼에도 영국 시민들이 정치 과정에 개입하는 대부분의 시간에 대리인을 통하여 자기의 민주적 권리를 (지속해서) 행사한다는 사실은 불완전하고 불만족스럽다. 그들은 기껏해야 특정 정당이나 파당에 동조하여 투표하고, 습관적인 불개입 상태일 때는 일반의지가 국가 전체에 적용되고 있는지 적절히 인식할 수 없을 것이다.

  이 점에서 다시 한번 실용성이라는 쟁점을 제기하고 싶은 것은 아니다. 더욱이 직접민주제와는 대조적으로 대의민주제의 힘은 전체 인구가 지속적으로 정치에 개입할 필요를 없앤다는 점에 있다. 심지어 비교적 소규모 정체에서도 입법의회에 끊임없이 참여하는 것은 터무니없이 부담스러워 보일 수 있다. 각 개인이 자신과 가족의 생계를 책임지는 환경에서 그들에게 국가 전체에 영향을 미치는 추상적인 쟁점에 집중하라고 요청하는 것은 너무 지나치다는 생각이 당연히 들 것이다. 루소 자신이 인정하듯이, 고대 세계의 시민들은 노예들이 사회 유지에 필요한 업무를 부담하는 동안 지적 자유와 탐구 생활을 영위할 수 있었다. 놀랍게도 루소는 어느 점에서 정치 개입이라는 신중한 업무를 하도록 시민을 자유롭게 하는 수단으로서의 노예제도에 호의적인 것으로 보인다. 그러나 루소는 16장의 마지막 부분에서 이런 사변적인 생각을 철회하면서, 어떤 실제적인 어려움이 따르든 주권행위에 인민을 적극적으로 개입시키는 것이, 시민들에게 법률을 제정하는 권리를 위임하게 함으로써 시민적 자유의 실천을 막는 것보다는 바람직하다고 결론 내린다. 이때 시민적 자유는 전체로서 공동체의 이익과 밀접한, 일관된 정체성에서 나온다.

루소는 정부와 주권자의 관계에 대한 그 이상의 수많은 논평으로 3권을 결론짓는다. 첫 번째 요점은 정부의 법률적 설립과 관련된다. 알다시피 법률이 진정으로 구속력이 있으려면 어떤 특정한 개인이나 집단을 목표로 삼으면 안 된다. 이런 조건 아래에서 주권자는 전체 공동체의 선을 위한 정부제도를 창출하기 위해 적절히 입법할 수 있으며, 그것이 채택하는 행정체제는 법률로 만들어질 수 있다. 일단 이런 일이 이뤄지면, 인민은 정부의 다양한 기능을 수행할 (대의귀족정의 선출이든 군주제의 지명이든) 행정관을 선발해야 한다. 그러나 이런 사례에서는 특정 사람들이 선발될 것이므로 주권자가 선택된 개인들의 역할을 확정할 수 없다. 따라서 정부를 구성하는 실질적인 업무는 법률 행위가 될 수 없다. 그렇지만 정부의 토대가 입법 과정에 기초하지 않으면 그 구성은 자의적이 될 것이다. 루소는 주권자가 행정관의 지위를 확립하기 위해 스스로 임시적인 민주정부의 형태로 변할 수 있다고 주장함으로써 이 문제를 해결한다. 일단 이것이 이뤄지면 주권자는 통상의 역할로 되돌아가며, 그때 상정하는 정부가 무슨 형태든 그 과업을

맡는다. 루소의 두 번째와 마지막 고찰은 두 가지 문제와 관련하여 주
권체의 모든 집회 시작에 명백한 공식 투표를 확립하는 것이었다. 즉
현재의 정부 형태가 여전히 주권의회에서 인정받느냐의 여부와 인민
이 정부를 남겨둔 채로 새로운 행정부를 설립하느냐의 여부를 묻는
문제다. 이런 식으로 루소는 주권자가 양자의 지배적인 제도이며 국
가의 정부 행정 배치는 언제나 임시적이라는 사실을 분명히 하고 싶
어 한다.

정부와 종교(IV, 1-8)

『사회계약론』의 마지막 부분인 4권은 관련 없는 주제들이 모인 약간 이
상한 집합으로서 독자에게 충격을 줄지도 모른다. 1권과 2권은 계속해
서 정당한 사회의 법률적 토대를 다루고, 3권은 정부 업무를 위한 제도
의 실제적인 함축을 고려한다면, 4권은 세 개의 다른 주제, 곧 일반의
지의 본성에 관한 추가 논의, 로마 공화국의 덕에 관한 긴 논문, 문명사
회 안에서 종교의 위치에 관한 중요한 마지막 장을 일관해서 다룬다.
앞에서 이미 일반의지에 관한 루소의 정교함을 만났으며, 일찍이 상세
하게 다뤄졌다는 점을 되풀이해 말할 필요가 없다. 루소가 그 쟁점을
다루는 한 가지 측면은 여기서 주목하겠지만, 거기에는 국가의 소멸 이
후 일반의지의 존속에 관한 일련의 묘한 언급이 담겨 있다. 루소는 이
미 적절히 구성된 사회가 분열될 수 있는 많은 방식을 고려했다. 그런
환경 아래에서 일반의지는 이제 작동되지 못하고 공동체는 무정부상태
나 어떤 억압적인 지배 형태로 타락한다. 그러나 루소는 여전히 그 계
율이 모두에게 무시될지라도 일반의지는 존재한다고 주장하고 싶어 한
다. 설령 그 사회의 어느 누구도 공동선을 위해 행동하는 척하지 않을
지라도 일반의지는 그 사회 안에서 일종의 선험적인 존재 형태로 나타

난다. 루소는 그런 용어를 사용함으로써 일찍이 동일시된 두 의미의 두 번째 일반의지 개념, 즉 전체 공동체를 위하여 행동하는 각 개인 안에 존재하는 동기가 아닌 그에 부합하여 사회의 성패가 결정되는 일종의 독립된 기준에 호소하는 것으로 보인다.

따라서 여기에 묘사된 일반의지는 그 어느 때보다 훨씬 더 논쟁적으로 보일 수 있다. 개인적 바람과 결정의 현실적인 실천으로 벗어난다면 어떤 일이 생길 수 있을까? 한 가지 답변은 개인의 구체적인 의지가 일종의 신성한 판단 기준이 되어야만 한다는 것이다. 또 다른 측면은 그런 방식으로 그 용어를 사용하는 것은 루소에게는 허튼소리와 같다는 것이다. 즉 제대로 조사하면 언어의 모호한 사용은 이미 더욱 일반적으로 사용해온 약간 덜 불투명한 개념으로 축약될 수 있다. 그러나 정당하게 연속되어온, 질서 잡힌 사회의 축적 효과에 대해 앞에서 다뤄진 요점을 다시 언급하면 이어지는 시험적인 논제로 나아갈 수 있다. 가장 공통된 의미로 사용된 일반의지는 각 개인이 전체 공동체의 이익을 위해 행동해야 하는 동기에 주어진 이름이라는 것이다. 우리는 전체 공동체에 걸쳐서 이런 모든 일반의지의 평균을 최대한 반영하는 주권의회에 의해 실제로 만들어진 결정을 묘사하는 데 그 용어를 사용할 수도 있다. 주권체가 올바로 행동하고 사회제도가 당위적인 모습으로 기능하면 일반의지의 이런 두 의미가 대단히 밀접해져서 후자는 단지 전자가 세련되게 개선된 것일 뿐이다. 그러나 앞에서 본 것처럼 최고의 사회조차 시간이 지나면 해체될 수 있다. 이런 일이 일어나면 운이 좋을 경우 해체된 사회는 법률이란 유산을 남겨놓을 것이다. 대단히 오랜 시간이 지난 후에 지속적으로 이런 과정에서 살아남아, 유익하고 유용한 것으로 증명된 관행은 그 자체로 확실한 권위를 획득한다. 일단 전반적으로 받아들여진 법률과 관행이 일정 수준 성숙하면, 일종의 '보편적인' 일반의지로서 가장 근본적인 공리를 묘사하기에 적합해질 수 있다. 주권자의 심의가 모두의 의지를 공동체의 일반의지로 정련하는 것과 대개 같은 방식으로 모든 국가가 이전 공동체의 다양한 일반의지를 그들이 열망하는 일련의 기준으로 정제하게 되는 진보와 쇠퇴의 과정을 겪게 된다.

이런 해석은 대단히 사변적이며, 근거도 빈약하다. 그러나 그것은 건전한 사회가 측정해야 하는 기준 내지 표준으로서 일반의지의 풍미와 같은 것을 취한다. 그것이 루소 사상을 정확히 반영하든 말든 루소는 일반의지가 주권체 성원의 실제 의지로부터 고립된 존재 내지 의미를 지닌다고 믿고, 사회계약의 조건이 회복 불가능하게 깨질 때조차 국가의 지배적인 '일반의지'에 관해 말하는 것은 여전히 의미가 있다고 믿는 것으로 보인다.

4~7장에서 루소는 일반의지에 대한 설명을 뒤로 미뤄두고 고대 로마의 미덕과 악덕을 설명하는 데 어느 정도 시간을 쓴다. 여기서 루소의 목적은 문명의 흥망에 관해 그전에 제기한 주장에 비중을 부여하는 것으로 보인다. 루소는 수많은 화제 가운데 사회의 상이한 도덕과 법적 비전 사이에서 조정을 돕기 위해 로마인들이 확립한 최선의 선거 형태, 잠재적인 독재의 발생, 다양한 종류의 법정을 고려한다. 현대 독자에게 그 논의가 순전히 역사적 관심에 불과한 것으로 보이는 것은 당연하다. 루소가 로마 시대와 자기 시대의 사회적 틀 사이에서 뚜렷한 비유를 많이 끌어내지 않는 게 이상하다. 루소는 둘 사이의 연계가 명백하다고 보았거나 그런 내용이 『사회계약론』에 확실한 무게감을 줄 것이라고 생각했는지 모른다. 아무튼 그것은 루소의 정치 비전이 고대 세계에 빚지고 있음을 다시 한번 보여준다.

그러나 4권에서 가장 흥미로운 것은 시민종교에 관한 마지막 장이다. 여기서 루소는 국가가 시민의 종교적 믿음에 관할권을 가질 수 있는지에 대해 견해를 밝힌다. 루소의 결론은 공동선에 이롭도록 국가가 성원의 믿음을 규제하는 역할을 하지만, 그것은 구체적이고 제한된 종류의 규제일 뿐이다. 여기서 루소가 제시하는 조건은 비판자들에게 그의 전체주의적인 성향을 보여주는 것으로 느껴졌다. 루소 사상이 어떻게 발전하고 이런 비판이 어떻게 정당화되는지를 알려면 종교의 기원론으로부터 세 개의 기본 유형을 비교함으로써 어떤 종류의 믿음이 정당하게 구성된 국가에서 관용되어야 하느냐에 관한 최종 판정까지 그 장 전체를 관통하는 루소의 추론 체계를 따를 필요가 있다.

　루소는 종교의 기원에 대하여 약간 대담한 주장을 함으로써 출발한다. 루소는 문명 초기에 각 종족이나 민족이 고유의 신을 갖고 있었다고 주장한다. 어떤 민족의 성원이 된다는 것은 다소간 특정 신을 믿는 것과 같은 일이다. 그 결과, 유럽에서처럼 다른 민족과 공통된 신학의 해석을 둘러싸고 싸우는 종교전쟁은 없었다. 그 대신에 각 민족은 고유한 신성을 가졌으며 그 정치체의 모든 성원은 그들의 종족에게 충성하는 것과 똑같은 방식으로 신성에도 충성하는 것으로 이해되었다. 이제 우리가 알다시피, 루소는 국가에 대한 시민의 충성심과 일체성에 커다란 비중을 두고 이것이 현존하지 않으면 공동체는 번영할 수 없다고 믿는다. 종교 계율과 민족이 공존할 때 둘 사이에 갈등은 없다. 그러나 종교의 요구가 국가의 요구와 분리되면 사회구조는 손상될 위험에 처한다. 루소에 따르면 일신교, 특히 기독교의 발생은 이런 과정의 좋은 예가 된다. 기독교와 같은 종교의 독특한 특징은 시민의 세속적인 관할과는 분명히 구분되는 정신적 영역에 대한 충성을 요구한다는 점이다. 그 결과는 모든 시민에게 나타나는 국가와 교회 사이의 충성 갈등이다. 가톨릭 교회의 경우 적어도 프랑스에서 영적 권위의 중심지는 전혀 다른 나라에 속하므로 그 분리가 특히 예민하다고 루소는 주장한다.

루소는 이런 역사적 개요를 묘사한 다음 종교적 믿음을 세 종류로 분리한다. 루소가 인간종교라고 부른 첫 번째 믿음은 신에 대한 존경과 가장 단순한 형태의 도덕성의 계율을 의미하는 것으로 보인다. 앞에서 지적한 것처럼 루소는 자연적 신법 사상에 결코 반대하지 않으며, 이런 초자연적인 질서의 순수한 의식으로서 인간종교를 받아들이는 것으로 보인다. 꾸밈없는 있는 그대로의 국가에서 인간종교는 교리나 제의에 관심이 적고 지상의 형제애와 사후의 축복에 관심이 크다. 이런 단순한 헌신적인 감정은 우리가 바로 마주친 기독교 이전 국가의 시민종교로 이어진다. 여기서 도덕 질서의 고결함에 대한 개인적 인식은 종교의식과 독단 및 법적으로 인정된 예배 형태라는 정교한 구성으로 대체된다. 결국 이런 체제는 사제의 종교로 대체된다. 이것이 루소가 기독교처럼 국가 이익과 정체성으로부터 고립된 채 더 높은 일련의 제도에 충성을 요구하는 교리에 붙인 이름이다.

루소에 따르면 세 가지 종류의 종교적 믿음은 모두 정당하게 구성된 국가의 유연한 운영에 해롭다. 사제의 종교는 시민들이 적절한 충성 대상으로부터 벗어나게 하고 정력을 다른 곳으로 돌리게 한다. 그런 환경에서 인민은 이제 입법가에 의해 요구되는 것처럼 자기 이익을 국가에 일치시킬 수 없고 기껏해야 그들의 충성은 두 방면으로 갈리게 된다. 시민 사이에 단일한 목표를 유지하는 대신 시민종교는 명백한 허위와 헛된 교리를 조장하므로 거의 좋지 않다. 결국 인간종교는 속세를 떠난 삶의 개념을 변호하고 시민들이 구체적인 사회적 의무 요구에서 벗어나게 하므로 어떤 면에서 가장 나쁘다. 루소는 인민의 주의를 세상으로부터 떼어내 사후 세계로 향하게 하는 것보다 사회적 정신에 더 나쁜 것은 없다고 불평한다. 따라서 모든 종류의 종교적 믿음은 루소의 사회적 목표에 불행한 결과를 초래한다.

　이런 분석 이후에 루소가 그의 이상국가 시민을 위해 무신론을 옹호하리라고 기대할지도 모른다. 그러나 루소는 무신론자는 개인적 도덕성에 대한 확실한 근거를 가질 수 없으므로 모든 사람 가운데 최악의 부류라고 믿는다. 결과적으로 무신론자는 모든 시민 가운데 가장 신뢰할 수 없고 가장 도덕성이 없는 유형이므로 정당하게 구상되는 어떤 정치질서에서도 관용되면 안 된다. 따라서 이런 점에 비추어 종교적 믿음에 대한 루소의 답변은 오히려 놀랍다. 소규모 핵심 믿음을 포함하는 '시민강령'이 이어질 것이기 때문이다. 이것은 다음과 같다. 즉 예견하고 채워주는 신이 존재한다. 사후에 정의로운 자는 상을 받고 부정의한 자는 벌을 받는다. 사회계약과 그 제도에서 나오는 법률은 신성하고 침해될 수 없다. 어떤 다른 종교적 믿음에 대한 불관용도 이런 원칙이 금지하는 것과 모순되지 않는다. 이런 원칙을 지키지 못한 자에 대한 처벌은 국외 추방이나 가장 극단적인 사례인 처형이다.

　이상과 같이 종교에 관한 루소의 견해는 냉소적이며 억압적으로 보인다. 신의 권위를 흉내 내는 입법가를 회고하는 방식으로 우리는 루소의 사회계약과 그 법률의 신성함에 대한 전적으로 실용적인 교리에 신중해도 좋을 것이다. 이것은 국가에 대한 충성과 사회적 강제를 유지하기 위하여 단순히 삽입된 신조의 순수하게 인위적인 요구로 보인다. 루소는 확실히 그 신조를 자기 정치 모델의 어떤 순수한 신학적인 근거로 주장하지 않고 단순히 편의상 끼워 넣은 것으로 보인다. 더욱이 그런 신조를 공개적으로 고백하길 거부하는 사람은 누구든지 추방하는 가혹한 처벌은 극도로 억압적으로 보인다. 우리는 종교를 개인 양심의 문제로 생각하기 쉽고, 신의 존재와 내세 같은 문제에 대한 자신의 결론에 도달할 자유를 모든 개인에게 적절히 부여할 것 같다. 루소는 이런 주제를 국가 문제로 만듦으로써 이상국가의 시민이 거기에 들어가기 전과 마찬가지로 자유롭다는 자신의 약속을 깨뜨린 것으로 보인다. 그 계획에서 유일하게 긍정적인 부분은 문제시된 믿음이 시민강령의 기본원칙과 충돌하지 않는 한, 다른 종교에 대한 관용은 필수조건으로 보인다는 점이었다. 루소의 신조는 대단히 일반적이므로 확실히 어떤 종교와도 공존할 수 있을 것이다. 그러나 다양한 종교를 가진 인민은 사회계약이나 누군가가 만든 정치협약이 신이나 내세에 대한 믿음과 같은 수준의 신성함을 지닌다는 개념을 거부할 것이다. 그런 거부감을 공개적으로 고백하는 사람은 누구든 루소의 국가에서 추방에 직면할 것이다. 따라서 루소의 사회질서에서 관용의 정도를 높이려는 루소의 시도조차 억압을 예고하는 것으로 보인다.

루소는 시민종교에 대한 처리에서 중요한 쟁점, 곧 혼합된 충성에서 생기는 이익 충돌의 가능성을 확인했다. 끊임없이 이어지는 루소의 응답은 국가와의 일체성이 가장 먼저라고 주장한다. 이것에 대한 동기부여는 루소가 인간 행복과 실현의 잠재력이 국가와 모든 성원의 일반의지와 긴밀한 일체성을 통하여 가능할 뿐이라고 진정 믿는 것에 있다. 그러나 그 쟁점을 해결하기 위해 루소가 옹호하는 방법을 현대 독자가 지지하기는 분명히 어렵다. 신에 대한 정직한 인정에 순수하게 뿌리내리지 않은 것으로 보이는 진보적인 교리는 물론 무신론에 대한 엄격한 금지까지, 『사회계약론』에 표현된 시민종교에 관한 루소의 견해는 그의 이론 전체에서 가장 매력 없는 측면 가운데 하나다. 다행히도 전체로서 루소 체계는 시민종교에 대한 견해를 강요하는 것으로는 보이지 않는다. 시민이 국가와 자신을 동일시하고 일반의지에 강력히 헌신하는 것을 포함하여 루소가 구상한 사회 모델에 전념하는 것과 개인에게 종교적 믿음(혹은 불신)을 허락하는 것이 완벽하게 그럴듯해 보일

것이다.[17]

요약

이제『사회계약론』본문을 모두 살펴보았으므로 아마도 몇 가지 맥락을 함께 다루어보는 것도 가치가 있을 것이다. 지금까지 논의한 것처럼 루소의 정치철학, 곧 인민이 자유와 평등 상태에서 살아가기에 가장 적합한 제도와 법률 개념은 그에 앞선 심리학 개념과 인간 본성의 전망에 근거한다. 이런 사상에 대한 어느 정도 이해가 없으면, 루소의 계획은 대부분 근거를 상실한다.

여기서 첫 번째로 중요한 것은 개인의지가 상호 비자발적인 의존 환경에 함께 놓이는 경우 개인의 잠재력이 발휘될 수 있는지에 대한 루소의 지속적인 우려다. 이와 동등하게 중요한 것이 그런 의존의 속박을 제거하는 방법이 발견되면, 모두가 공유하는 적극적인 자연적 성향이 더욱 풍요로운 방향으로 동력화될 수 있다는 루소의 믿음이다. 사회계약에 의해 창조된 사회 형태는 이런 프리즘을 통해 보아야만 의미를 갖는다.

우리는 루소의 설명에서 고전적 자유주의 시각에 특히 자연스럽게 나타나는 '견제와 균형'의 결여 문제를 반복적으로 제기해왔다 무엇이 주권자의 심각한 권력 남용을 막아주는가? 어떻게 공동체의 성원들이 일반의지를 분명히 알게 할 수 있는가? 무엇으로 그들이 일반의지의

---

17 이것은 루소 견해에 대한 아주 간략한 묘사다. 시민국가에서 종교의 지위에 대한 훨씬 더 풍부한 토론을 위해서는 다음을 참조하라. Bertram, *Rousseau and The Social Contract*, pp. 177-189.

계율을 무시하지 못하게 막을까? 루소의 대답이 약간씩 변하기는 하지만, 이 문제에 대한 근본적인 답변은 인간의 본질적인 선함 및 자신의 이익과 주변 사람들의 이익을 함께 존중하는 (때때로 잠재적인) 능력에 있다. 아마도 영감 있는 지도자를 매개로 이런 타고난 능력이 사회구조로 연결될 수 있다면 그 체제는 자동 조절될 것이다. 그러나 이런 성공은 이제까지 일시적일 뿐이었다. 심지어 최고의 사회도 퇴보하고 마침내 해체될 가능성이 언제나 남아 있다. 그런 사례에서 기대할 수 있는 최선은 다른 사람들이 포착할 수 있는 정당한 법의 유산을 남겨둘 것이라는 점이다.

정부에 대한 토론에서 알게 되었듯이, 루소는 여러 면에서 대의민주제와 대단히 유사한 체제를 변호하고, 따라서 그에게 퍼부어진 전체주의라는 비난은 틀린 것이다. 그러나 그 밖에 특히 사형제와 사회계약의 신성함 및 시민종교의 지위에 대한 논의에서 루소의 직감은 자유주의 비평가의 많은 우려를 자아낸다. 그와 같이 루소 주장의 도덕적 수용 가능성은 미해결 문제로 남아 있다. 앞에서 지적했듯이, 루소가 제안한 정체는 절대 실현되지 않았기에 실제로 얼마나 억압적인 성격을 갖는지를 적절하게 측정할 방법이 없다. 물론 『사회계약론』의 독자는 루소의 정치질서의 중요성이 무엇인지, 또 그것이 루소가 제시한 기본 구조와 일치하는지 아닌지를 스스로 판단해야 한다. 그러나 루소의 사상을 궁극적으로 수용해야 할지에 대한 의심, 루소의 기획이 진정으로 안전을 보장하는 동시에 약속대로 진정한 평등과 자유를 제공하는지에 대한 의심이 남아 있을지라도 루소 자신이 세운 야심찬 과업이 정치철학의 가장 중요한 쟁점들을 수없이 제기한 것은 틀림없다. 더욱 폭넓은 정치사상의 흐름 속에서 『사회계약론』을 어디에 배치해야 할지 난감하게 만드는 것은 유일무이하게도 사회 안에서 가장 깊은 개인의 문제에

대한 근본적인 진단과 독창적인 치유를 제시했다는 점이다. 여기에 동
감하는 영향력 있는 어떤 주석가는 다음과 같이 썼다.

『사회계약론』의 중요성은 인민에 대한 인민의 지배에 정당한 정치적 토대
를 부여하려는 시도와 일반의지의 행위를 통해 인민 자신의 연합 조건을 확
립하는 방식에 대한 설명에 있다. 특히 루소가 개인의 자유와 존엄에 관심
이 있다고 공언하면서 실제로는 개인을 전체 공동체의 노예로 만드는지에
대해 많은 해석과 지속적인 논쟁이 있다. 그러나 주권체의 성원으로서 모든
시민의 대등한 권리를 절대적으로 긍정함으로써 그것은 근본적으로 중요한
저작으로 남아 있다.[18]

『사회계약론』은 확실히 정치의 이론과 실천 및 더욱 일반적으로는
철학과 심리학에도 막대한 영향을 끼친 것으로 입증되었다. 다음 장에
서는 어떤 방식으로 영향을 미쳤는지 살펴볼 것이다.

학습 문제

1. 루소의 정치 구도에서 정부의 역할은 무엇인가? 이것은 주권자의
   역할과 어떻게 연관되는가? 그런 관계는 효율적으로 기능할 것인
   가?
2. 어떤 형태의 정부가 루소의 국가에서 가능하며, 성공을 위한 최대의
   기회를 갖는가? 다양한 체제의 강점과 약점에 대한 루소의 진단에

---

18 Nicholas Dent, *A Rousseau Dictionary*, p. 225.

동의하는가?

3. 루소에 따르면 사회적 쇠퇴의 원인은 무엇인가? 그것은 납득이 가는가?

4. 루소가 종교에 대해 회의한 이유는 무엇인가? 루소의 반응은 그 쟁점을 적절히 해결하는가?

5. 『사회계약론』을 보면, 루소가 자유와 평등이 보장되는 사회를 성공적으로 제시하는 것으로 느껴지는가?

4부
평판과 영향

나폴레옹 전쟁 시기에 출간된 패트릭 브라이언(Patrick O'Brian)의 소설에서 선박의 신랄한 외과의사 스티븐 마투린(Stephen Maturin)은 자기 동료에게 유럽에 끼친 루소의 영향력에 대해 다음과 같은 확신에 찬 말을 남긴다.

> 나는 칸트에 대해 인내심이 없다. 그가 루소에게 주목한다는 사실을 알아차린 이후 그에게 전혀 인내심을 가질 수 없었다. 스위스 도둑을 보고도 제대로 짖지 않는 개는 범죄와도 같은 경솔함이나 순진함을 지닌 것인데도 이를 그냥 묵인하는 철학자이기 때문이다.[1]

이런 감정은 루소를 유럽 대륙의 위험한 극단주의의 본보기로 보는 19세기의 많은 영국인에게 공유되었을 것이다. 심지어 루소는 아첨과 노골적인 혐오를 자극하는 독특한 능력을 가졌다. 그때나 이후에나 루소의 성격과 사상에 냉담한 극소수의 주석가들이 있었다. 즉 루소는 자기 독자들에게 멍청한 허풍쟁이나 주목할 만한 중요성과 비전을 지닌 세속적 예언자처럼 느껴지게 하는 경향이 있었다. 좋든 나쁘든 『사회계약론』과 루소의 다른 저작들은 정치이론과 실천에 깊게 영향을 주었

---

1   Patrick O'Brian, *Treason's Harbour*, p. 7.

다는 점은 확실하다. 이 장에서 좀 더 많은 근대의 논의와 함께 그 저작에 대한 역사적 반응 일부를 추적해볼 것이다.

정치적 반응

루소의 생애와 시대에 대한 논의에서 본 것처럼, 루소는 가장 가까운 지지자들조차 엉뚱한 행위와 수상쩍은 비난으로 완전히 멀어지게 할 수 있었다. 그는 프랑스의 주요 계몽주의자들 가운데 많은 친구들, 그중에도 디드로와 달랑베르와 결별하고 백과전서파 철학자들의 주변 인물이 되었다. 그러나 루소는 정신불안과 편집증으로 가장 어두웠던 시기에도 언제나 기성 체제의 몇몇 성원들 사이에서 헌신적인 지지자를 유지했다. 루소의 소설 『신엘로이즈』는 폭발적인 인기를 얻었다. 또한 많은 독자가 『사회계약론』보다 훨씬 더 보수적인 종교적 권위를 담고 있는 『에밀』의 논쟁적 감정에 흥분했다. 원래는 이렇게 루소의 문학 작품에 열광한 사람들이 루소의 정치 저작의 지지자보다 더 많았다. 그 결과 심지어 긴 유럽 여행을 강요받는 동안에도 루소는 여전히 강력한 친구와 보호자를 거느렸고, 그 가운데 한 명이 박해가 절정에 달했을 때 루소를 영국으로 보내 철학자 흄과 함께 지내도록 주선해주었다. 앞에서 지적했듯이, 둘 사이가 틀어져서 루소는 항구적으로 자기를 둘러싼 논쟁을 덧붙일 뿐인 과제를 안고 프랑스로 돌아왔다.[2] 그 시대의 위대한 철학자 가운데 한 명인 흄은 『사회계약론』이 『신엘로이즈』보다

---

2 이것에 대한 최근의 재미있는 역사는 다음을 참고하라. David Edmonds and John Eidinow, *Rousseau's Dog: Two Great Thinkers At War In The Age of Enlightenment*.

더 흥미롭다는 믿음은 밀턴(Milton)의 『복락원』(*Paradise Regained*)이
『실락원』(*Paradise Lost*)보다 우수하다는 믿음만큼이나 터무니없다고
주장하면서 루소의 정치철학을 전혀 존중하지 않은 것으로 보였다.[3]

루소가 1778년 죽은 뒤에 그의 문학 작품에 대한 악평은 어느 정도
그의 인격에 대한 예찬으로 변했다. 에름농빌에 있는 루소의 집은 성지
로 변하여 프랑스 전역에서 방문객이 그에 대한 존경을 표하러 찾아왔
다.[4] 『사회계약론』의 사상은 대체로 이런 열광을 받지 못했다. 루소의
정치사상은 그의 사망 직후에는 관심을 거의 받지 못했으며, 다른 분야
에서의 성취가 루소의 명성을 높여주었다. 그러나 프랑스 혁명과 함께
모든 것이 변하게 되었다. 프랑스 혁명(1789년)이 일어나기 10년 전에
프랑스는 서투른 재정 관리와 일련의 파멸적인 값비싼 전쟁으로 점점
더 고통을 겪었다. 따라서 유럽의 왕들이 격렬한 혁명 조건을 조성하기
에 필요한 모든 것을 하고 있다는 루소의 예견은 어느 정도 선견지명이
있었다. 루이 16세의 실정이 가져온 가장 분명한 결과는 사회 하층민의
현저한 몰락이었다. 만연한 굶주림과 영양실조 및 실업은 군주정의 월
권과 사치에 반대하는 대다수 인민 사이에 분노를 조성했다. 즉 정치적
선동과 불안은 혁명의 상징적 순간인 파리 바스티유 감옥 습격으로 정
점에 달할 때까지 1789년 내내 꾸준히 상승했다. 이후 군주정이 전복
되고 프랑스는 혁명 공화국으로 변화했다.

혁명 지도자들에게 루소는 중요한 영감을 주었다. 루소의 공유 사상
과 선출되지 않은 군주의 독재에 대한 저항 사상은 프랑스에서 변화를
위해 투쟁하는 진보적 당파의 견해와 대단한 조화를 이루었다. 혁명의

3   이런 비평은 흄의 서한에 나온다. Dent, *A Rousseau Dictionary*, p. 25.
4   여기에 대한 설명은 다음을 참고하라. Gordon McNeil, "Rousseau and the French Revolution," *Journal of the History of Ideas*, Vol. 6, No. 2, pp. 197–212.

주역 가운데 한 명인 로베스피에르(Robespierre)는 루소에게 크게 영감을 받았다고 주장하면서, 루소의 정치철학을 프랑스의 새로운 정치질서 확립을 위한 지적 토대로 삼았다. 1794년에 루소의 유해는 새로운 프랑스의 평등주의자 영웅들의 안식처인 팡테온에 안장되기 위해 에름농빌에서 파리로 옮겨졌다. 『사회계약론』의 사본들은 루소의 관을 둘러싼 주변 사람들에 의해 옮겨졌다. 소설가이자 오페라 작곡가인 루소가 정치철학자 루소로 전환된 것이다. 혁명은 혁명의 급진 정책을 위한 지적 토대를 필요로 했고, 루소는 많은 사람에게 이상적인 후보자로 보였다. 혁명가들이 새로운 사회의 기초 원리를 확립할 시간이 왔을 때, 그들이 선택한 용어는 『사회계약론』의 구절과 눈에 띄게 비슷했다. 예컨대 혁명가들의 '인간과 시민의 권리 선언' 6조는 다음과 같다.

> 법률은 일반의지의 표현이다. 모든 시민에게는 직접 또는 대표자를 통하여 법률 제정에 참여할 권리가 있다. 법은 보호하든 처벌하든 모든 사람에게 똑같이 적용되어야 한다.[5]

이 구절은 분명히 일반의지 사상과, 법은 모든 사람으로부터 나오며 모든 사람에게 적용된다는 개념에서 유래한다. 실제로 혁명이 '공포 정치'(reign of terror)로 전락한 이후 로베스피에르는 강력한 통치 기구인 공공안전위원회(Committee of Public Safety)의 계율은 바로 일반의지의 구현이라고 주장했다. 루소의 사상은 분명히 혁명 의식에 깊이 침투되었다.

루소가 영감을 주었던 혁명이 빠르게 정치적 억압으로 바뀌면서 결

---

5   이 발췌문은 다음에서 인용된 것이다. Dent, *Rousseau*, p. 216.

국 루소는 상당한 비판을 받았다. 혁명에 반대하는 영국의 보수주의자 에드먼드 버크(Edmund Burke)는 프랑스 공화국의 과도함과 야수성을 고취한 루소를 '광기의 소크라테스'(insane Socrates)라고 불렀다.[6] 그러나 혁명가들이 그들의 기획을 루소와 연관 짓는 것이 어떻게 정당화되는지는 분명히 의심스러운 문제다.『사회계약론』에는 그들의 마음에 들었던 것이 많지만, 특히 선출되지 않은 군주 주권에 반대하고 그것에 저항할 정당성을 부여한 대목이 그랬다. 혁명가들이 도입한 정치 질서가 정말 루소 사상을 실현한 것인지는 그리 분명하지 않다.

앞에서 본 것처럼 루소는 몹시 작은 수준, 곧 도시국가나 캔톤에서 작동하는 사회질서를 상상했다. 루소가 프랑스 크기의 국가를 통치하기에 적합하다고 생각한 제도적 틀은『사회계약론』에 거의 나오지 않는다. 한 가지 분명한 이유는 그처럼 긴 거리와 그렇게 많은 인민을 수용하는 진정으로 포괄적인 주권체를 소집하는 것은 비실용적이기 때문이다. 실제로 공공안전위원회와 같은 부분적인 조직에 권력을 부여하는 것은 루소가 반대한 일이었다. 루소는 법률이 주권자인 모든 인민으로부터 나와서 모든 인민에게 적용되어야 한다는 주장을 반복적으로 했었다. 루소의 주장들이 혁명기에 시행된 정책들과 많이 다르다면 그들이 아무리 루소를 자기 모델로 지지했을지라도 로베스피에르와 같은 사람들 중에 얼마나 많은 수가 실제로『사회계약론』을 읽었을지 의심스럽다

따라서 루소가 프랑스의 권위주의적 행정에 맞서도록 영감을 제공한 것은 맞지만 루소의 견해와 혁명가의 견해 사이에는 차이가 뚜렷하다. 비록 루소의 이름이 혁명가들의 이름과 같은 호흡으로 종종 말해지지

---

6 Wokler, *Rousseau*, p. 77.

만, 혁명가들의 목표와 방법이 『사회계약론』에서 유래되었다고 주장하는 것은 정확하지 않다. 그럼에도 겉보기에 압도적인 정치체제에 대항한 유럽의 많은 진보적 운동에 영감을 제공했다는 사실이 저평가되어서는 안 된다. 우리가 이미 보았듯이 루소는 극강의 수사학적 능력을 지녔다. 즉 루소는 기억할 만한 구절이나 격언을 만들어내는 재능을 가지고 있었다. 때때로 이 때문에 그의 발언이 정확히 무슨 의미인지를 알기 어려울 수 있지만, 루소의 언어가 지닌 힘은 부인할 수 없다. 그것은 로베스피에르와 같은 사람들의 감정을 자극할 수 있으며, 그때 이래로 혁명가들에게 동기를 자극하고 격려하는 능력을 발휘했다. 루소의 많은 핵심 주제들은 자기 사상의 추종자를 확보하고 싶어 했던 다른 사상가들에 의해 채택되어왔다. 또 다른 영향력 있는 정치 논문의 유명한 결론을 생각해보라. "지배계급이 공산주의 혁명에 벌벌 떨게 하라. 곧 프롤레타리아는 자기 족쇄 외에 잃을 것이 아무것도 없다."[7] 이것은 정치사상과 실천에 거대한 영향을 미친 또 다른 소책자 『공산당 선언』의 끝부분이며 루소도 많은 점에서 이 구절에 책임이 있다.

마르크스 철학과 루소 철학 사이에 공통된 핵심 개념이 있는 것은 확실하다. 양자는 인간이 불완전하게 구성된 사회에서 존재하여 대부분 불행한 상태에 놓이므로 그런 불평등한 사회질서는 공동선의 감정과 공유된 비전으로 대체될 필요가 있다고 말한다. 마르크스와 루소는 모두 계급에 토대를 둔 노예제와 대중에 대한 군주의 자의적 지배를 혐오했고, 전체 공동체의 이익이 실현될 대안적 정치조직을 옹호했다. 더욱이 마르크스가 인간 조건 개념에 중요한 독일 관념철학과 거기에서 비롯된 낙관적인 사회제도의 전통을 경유하여 루소로부터 얻은 심리학적

7   Karl Marx and Friedrich Engels, *The Communist Manifesto*, p. 258.

사상이 있다. 특히 루소는 마르크스주의자의 소외 개념에 영향을 미쳤다. 아마도 가장 중요한 것은 루소 기획의 초석, 곧 평등과 시민적 자유(국가 제도를 통해 실현되는 자유)가 마르크스주의의 극히 결정적인 측면이 되었다는 점이다.

물론 마르크스 사상에 대한 적절한 해석은 특별히 골치 아픈 쟁점이며, 어떤 사상의 독창성을 확인하는 과제는 논쟁거리가 되기 쉽다. 그럼에도 더욱 이념적인 마르크스주의보다 오히려 사회주의 정치운동으로까지 범위를 넓혀보면, 루소 사상에 도구적인 중요성이 있음은 분명해 보인다. 앞에서 본 것처럼, 루소는 사유재산에 대해 양면적인 태도를 가졌으며, 전반적으로 사유재산이 국가에 맡겨져야 한다고 믿었다. 루소는 자신의 충동과 성향에 따라 움직이는 개인이 해로운 이기심(amour propre)에 저항할 수 있을지에는 한결같이 비관적이었다. 이런 인간적 연약함의 결과로서 루소는 유일한 해법이 모든 성원을 공동체의 일반의지 계율에 따르도록 강제하는 국가의 강력한 강요라고 느꼈다. 이미 논의한 것처럼, 이런 사회조직의 비전은 사회주의와 밀접히 결합된 사상인 '적극적 자유'의 형태에 의존한다.

(소비에트 러시아와 같은) 사회주의 국가들의 전체주의적 성격에 비판적인 사람들은 루소의 개념들 가운데 입법가의 기만적인 행위와 국가의 생사 결정권 같은 것을 불편하게 여긴다. 확실히 루소는 이런 문제를 다소 무신경하게 다뤘다는 비판을 받을 수도 있을 듯하다. 그러나 우리는 루소가 독재와 억압적인 정부에 대항하여 국가를 보호해줄 것이라 믿었을 기제에도 주의를 기울였다. 개인들이 모여 그들의 일반의지에 일치하도록 스스로 자유롭게 계약 행위를 하는 소규모 공동체와, 사회주의와 마르크스주의의 이름으로 20세기에 확립된 거대한 전제주의 사이에 개념상 유사성은 거의 없는 것이 확실하다. 다시 한번 실제

국가의 매력 없는 특징에 루소가 어디까지 책임을 져야 하는가는 격렬한 논쟁거리다.

계몽, 낭만주의 이후

구체적인 정치 변동에 대한 루소의 기여와 별도로 『사회계약론』은 더 넓은 사상 영역에서 영향력을 미친 것 같다. 앞에서 이미 루소가 프랑스 계몽주의에 참여한 사실을 일부 다루었다. 그런 모든 지적 운동과 마찬가지로 계몽주의 설계자들의 정확한 목표와 믿음이 무엇인지 정밀하고 일관성 있게 설명하기는 어렵지만, 몇몇 핵심 주제는 분명하다. 그 하나는 종교와 군주제 같은 전통적인 권위에 대한 존경의 결핍이다. 그와 같이 루소의 정치사상은 확실히 그 시대의 우상타파 정신과 장단이 맞는다. 기본 원리들에서부터 결론에 이르기까지 작동하는 정치질서의 토대 자체에 대한 루소의 철저한 개혁은 계몽주의 정신의 확고한 기획이다.

　그로티우스와 필머가 최고의 예를 보여준 전통과 선례의 정치학에 대한 루소의 거부는 그를 당대의 이론가로 세우게 된다. 아마도 무엇보다 루소를 계몽주의의 주류로 당당하게 앉히는 것은 인류의 본질적인 도덕적 존엄에 대한 강조와 이런 자연적 능력을 번창하게 하는 공정한 정치체제의 필요에 대한 강조일 것이다. 이전 세기 정치체제의 핵심 요구는 신에 의해 부여된 자연법에 대한 집착이었을 것이다. 루소는 '있는 그대로의 인간'을 핵심에 놓음으로써, 인간과 인간의 이성이 최고의 사회조직을 탐구할 수 있도록 토대를 제공한 당대의 자신만만한 정신을 반영하고 있다.

　　그러나 루소가 지지하는 대부분의 주장은 계몽주의의 전반적인 방향에서 심각하게 벗어나 있다. 앞에서 논의했듯이, 루소는 시종일관 기술 과학의 진보에 회의적이었다. 루소의 동시대 사람들은 이성이 일궈낸 거대한 진보에 경탄한 반면, 루소는 인간성에 내재된 선함과 순진함의 타락에 더 많은 관심이 있었다.『사회계약론』전체에 걸쳐서 루소는 어떤 의미에서는 사회적 지위를 얻기 위한 경쟁과 착취가 주된 활동이 아닌 문명 이전 상태의 조건을 복원하려는 시도에 관심을 기울였다. 일반 의지의 고찰에서 본 것처럼, 루소는 어리석은 대중이야말로 공동체의 번영에 가장 부합하는 방식으로 행동할 수 있다고 생각했다. 루소가 보기에 사회를 파멸적인 상태로 몰아가는 자는 교육받은 계층이다. 루소는 동시대의 성취를 찬양하는 대신 오히려 스위스의 칸톤과 고대의 선례에서 이상국가의 영감을 얻는다. 때때로 감상주의라는 비판을 받을 수도 있는 그런 지방주의는 루소의 지적 동료들의 대의에서 상당히 벗어나 있다.

　　이렇게 계몽주의를 향한 묘하게 양면적인 태도 때문에 루소는 규정하기가 훨씬 더 어려운 시대인 낭만주의의 계승자로 여겨지기도 한다. 계몽주의의 본질적 특징이 이성의 힘에 대한 압도적인 믿음이라면 이에 상응하는 낭만주의의 특징은 아마도 감성의 풍부한 역할에 대한 인정과 자연계의 합리성에 대한 거부일 것이다. 낭만주의자는 냉담하고 초연한 방식으로 세상에 개입하는 것을 경계했으며, 이상적인 삶이란 감성에 적절한 자유를 허용하는 삶이라고 특징짓는 것을 선호했다. 그런 견해에 따르면 인류애에 적절한 환경을 확립하고 이해하는 최선의 방식은 시종일관 이성적으로 움직이는 것이 아니라 감정의 프리즘을 통해 보이는 세상의 전면적인 투쟁과 모순에 빠지는 것이다. 그 시대의 정신은 워즈워스(William Wordsworth), 바이런(George Gordon Byron), 괴테(Johann Wolfgang von Goethe), 실러(Johann Christoph Friedrich von Schiller)의 위대한 문학 작품에서 가장 잘 포착된다. 이런 인물들은 모두 루소를 알았으며, 몇몇은 루소를 긍정적으로 언급했다. 루소의 모든 작품 가운데 솔직하고 고뇌에 찬 『고백록』은 낭만주의 운동과 가장 장단이 맞는 것이었지만, 『사회계약론』에는 낭만주의의 중요한 흐름을 선도한 측면이 확실히 있었다. 인민의 자연적 선함과 그들의 모든 충동 및 성향의 유용함에 대한 루소의 지속적인 인식은 이 점에서 가장 중요한 특징이다.

따라서 사상사에서 루소의 영향력은 약간 복합적이다. 아마도 그의 동료 가운데 어느 누구보다도 많은 루소의 비전은 어느 지적 분류에 깔끔하게 집어넣기가 어렵다. 다른 위대한 사상가들과 같이 루소는 자기만의 위치를 차지하고 있으며, 그를 어떤 지적 전통에 너무 엄밀하게 배치하는 것은 루소 작업의 독특함과 활력을 잘못 전하는 위험을 지닐 것이다. 인문철학 분야에서 루소는 확실히 여러 인물들에 의해 영감을 주는 것으로 거론되어왔다. 앞에서 이미 마르크스에 대해 간략히 고찰했지만, 독일 철학의 거인인 칸트 역시 도덕론은 물론 정치철학을 정립할 때 루소로부터 커다란 영감을 받은 것으로 보인다. 칸트에 따르면, 일련의 행위를 고려할 때 결과보다 더 중요한 것이 동기다. 개인이 배양해야 할 필수적인 도덕적 자질은 선한 의지다. 이런 견지에서 옳고 그른 행위를 결정하는 칸트의 규칙은 상당히 복잡하지만 중요한 측면은 바로 이것이다. 즉 개인은 보편적 법률이 될 실천원칙에 따라서 행동해야 한다. 다른 말로 하자면, 유일하게 올바른 행위는 모든 사람이 거기에 동의할 이유를 갖는다는 의미에서 보편적으로 적용되는 행위다. 이런 말에서 우리는 이미 루소의 일반의지 개념이 메아리치는 것을 인식할 수 있다. 칸트는 다른 곳에서도 루소에게 빚지고 있음을 훨씬 더 분명히 한다.

이성적 존재가 보편법을 제정하는 동시에 이에 복종한다면 그는 목적의 왕
국(Kingdom of Ends)의 성원이 된다. 법률 제정자로서 다른 어느 누구의
의지에도 복종하지 않을 때 그는 좌장으로서 거기에 속한다.[8]

이것은 유일하게 정당한 법률은 모두로부터 나오고 모두에게 적용된
다는 루소의 사상에서 나온 영감이 분명하다.

좀 더 최근에도 루소는 철학자와 정치이론가들에게 계속해서 영감을
주고 있다. 이들 가운데 가장 많은 영향을 받은 학자는 존 롤스로서 그
의 『정의론』은 1970년대에 출판된 이래 정치철학에 대한 관심을 부흥
시키는 역할을 했다. 롤스는 출발점에서 루소와 대단히 비슷한 질문을
제기한다. "우리 모두가 다른 개인적 욕구와 능력과 필요를 갖는다면
보편적 구속력 있는 정의와 통치의 공정한 일련의 원리를 어떻게 결정
할 수 있는가?"

롤스의 해법은 루소의 체제와 상당히 중요한 특징을 공유한다. 첫째,
롤스는 계약 모델을 채택한다. 따라서 어떤 의미에서 참여자가 법률에
구속되기를 동의해야만 공정사회의 약속이 가능해진다. 롤스도 루소의
자연상태와 유사한 '원초적 입장'(original position)이라는 것을 활용
한다. 자연상태란 사회질서가 확립되기 이전의 상태로서 여기서 가장
중요한 특징은 각 개인이 미래 사회에서 자기 역할과 지위와 관련하여
무지의 베일에 복종한다는 점이다. 따라서 정치적 단위로 계약에 참여
할 때 자기가 어떤 지위를 차지하게 될지 모르므로 불평등한 조건이 만

---

8 Immanuel Kant, *Groundwork to the Metaphysics of Morals*, quoted in Dent,
Rousseau, p. 219.

들어지든 말든 아무 관심이 없다. 적어도 어떤 근본적 권리와 재산이 관련되는 한, 사회적 원리가 높은 수준의 평등을 보장하는 것이라면 개인이 그것을 받아들일 충분한 이유가 될 것이다. 롤스의 가정과 루소의 결정 과정 사이의 유사성은 놀라울 정도이며, 롤스는 사회계약 사상에 자기가 빚지고 있음을 인정한다.

> 내가 [『정의론』에서] 시도한 것은 로크, 루소, 칸트에 의해 표현된 것과 같은 전통적 사회계약론을 더 높은 차원으로 추상화하여 일반화하는 것이다.[9]

루소는 역사적 중요성 이상의 지위를 차지한다. 루소의 사상은 정치적 권리와 평등의 문제에 대한 현대의 반응에 계속 영향을 미친다. 오늘날 (루소의 로마 공화국 분석과 같은) 비교적 관심을 적게 받는『사회계약론』의 내용이 있지만, 그 책이 논쟁과 토론을 계속 고취하는 정도는 주목할 만하다.『사회계약론』효과는 심오하고 다양하며, 현대의 정치사상과 실천, 도덕철학, 심지어 인간성과 심리학의 이해에서 여전히 최고의 가치를 지니고 있다.

---

9   Rawls, *A Theory of Justice*, p. xviii.

더 읽어보기

1. 루소 저작

Oeuvres Complètes, ed. by B. Gagnebin and M. Raymond(Paris: Éditions Gallimard)

루소의 다른 모든 저작과 더불어 『사회계약론』의 본문은 위의 루소 전집에서 볼 수 있다. 1964년에 출판된 3권은 『사회계약론』, 『학문예술론』, 『인간불평등기원론』의 전문을 포함한다. 1959년에 출판된 1권에 『고백록』과 『고독한 산책자의 몽상』이 있으며, 1969년에 출판된 4권에 『에밀』이 있다.

『사회계약론』의 별책 불어판은 1955년에 본(C. Vaughan)의 영어 해설과 함께 맨체스터(Manchester: Manchester University Press)에서 출판되었다.

『사회계약론』의 영어판은 수없이 많다. 이 책에서는 다음을 활용하였다.

The Social Contract, trans. by Maurice Cranston(Harmondsworth: Penguin, 1968)

The Social Contract and Discourses, trans. by G. D. H. Cole, augmented by J. H. Brumfitt, J. C. Hall and P. D. Jimack(London: Dent Everyman, 1993)

그 외에 최근 출판물도 참고할 수 있다.

The Social Contract and Other Later Political Writings, ed. by Victor Gourevitch(Cambridge: Cambridge University Press, 1997)

The Discourses and Other Early Political Writings, ed. by Victor Gourevitch
  (Cambridge: Cambridge University Press, 1997)

The Confessions, trans. by J. M. Cohen(Harmondsworth: Penguin, 1953)

Émile, trans. by Allan Bloom(New York: Basic Books, 1979)

Reveries of the Solitary Walker, trans. by P. France(Harmondsworth: Penguin, 1979)

루소 저작의 완벽한 영역본은 현재도 계속 출간 중이다. 이런 지침에 따라 『사회계약론』을 포함한 모든 저작 가운데 여섯 권이 출판되었고 다음을 참고하라.

The Collected Writings of Rousseau, ed. by R. D. Masters and C. Kelly(London: University Press of New England, various dates)

2. 루소 관련 서적

루소 저작과 전체 삶, 특히 『사회계약론』에 관한 수많은 해설이 있다. 그 가운데 가장 유용한 부분은 다음과 같다.

Bertram, Christopher, *Rousseau and the Social Contract*(London: Routledge, 2004)

Dent, Nicholas, *Rousseau: An Introduction to his Psychological, Social and Political Theory*(Oxford: Basil Blackwell, 1988)

Dent, Nicholas, *A Rousseau Dictionary*(Oxford: Blackwell, 1992)

Dent, Nicholas, *Rousseau*(Abingdon: Routledge, 2005)

Edmonds, David and Eidinow, John, *Rousseau's Dog: Two Great Thinkers at War in the Age of Enlightenment*(London: Faber & Faber, 2006)

Gildin, Hilail, *Rousseau's Social Contract: The Design of the Argument*(Chicago: University of Chicago Press, 1983)

Hall, J. C., *Rousseau: An Introduction to His Phlitical Philosophy*(London: Macmillan, 1973)

Miller, James, *Rousseau: Dreamer of Democracy*(New Haven, CT: Yale University Press, 1984)

O'Hagan, Timothy, *Rousseau*(London: Routledge, 1999)

Shklar, Judith, *Men and Citizens: A Study of Rousseau's Social Theory*(Cambridge: Cambridge University Press, 1985)

Wokler, Robert, *Rousseau*(Oxford: Oxford University Press, 1995)

3. 인용 논문

Dent, Nicholas and O'Hagan, Timothy, "Rousseau on Amour-Propre," *Proceedings of the Aristotelian Society, Supplementary Volumes*, Vol. 72(57-73)

Froese, Katrin, "Beyond Liberalism: The Moral Community of Rousseau's Social Contract," *Canadian Journal of Political Science*, Vol. 34, No. 3(579-600)

Kelly, Christopher, "'To Persuade without Convincing': The Language of Rousseau's Legislator," *The American Journal of Political Science*, Vol. 31, No. 2(321-335)

Marini, Frank, "Popular Sovereignty but Representative Government: The Other Rousseau," *Midwest Journal of Political Science*, Vol. 11, No. 4(451-470)

McNeil, Gordon, "Rousseau and the French Revolution," *Journal of the History of Ideas*, Vol. 6, No. 2(197–212)

4. 기타 자료

Aristotle, *Politics*. trans. by T. A. Sinclair, rev. by T. Saunders(Harmondsworth: Penguin, 1987)

Berlin, Isaiah, *Liberty*. ed. by Hardy, Henry(Oxford: Oxford University Press, 2002)

Diamond, Jared, *Guns, Germs and Steel: The Fates of Human Societies*(W. W. Norton, 1999)

Filmer, Robert, *Patriarchia and Other Political Writings*. ed. by Johann P. Sommerville(Cambridge University Press, 1991)

Hobbes, Thomas, *Leviathan*, ed. by Richard Tuck(Cambridge: Cambridge University Press, 1996)

Locke, John, *Two Treatises of Government*(London: Dent, 1993)

Marx, Karl and Engels, Friedrich, *The Commumist Manifesto*, ed. by Gareth Stedman Jones(Harmondsworth: Penguin, 2002)

O'Brian, Patrick, *Treason's Harbour*(London: HarperCollins, 1997)

Rawls, John, *A Theory of Justice*(Cambridge, MA: Harvard University Press, 1999)

색인